Downshifting

Selbstbestimmung und Ausgeglichenheit im Job

Dr. Wiebke Sponagel

HAUFE.

Inhalt

Vorwort

Sie verbringen viel Zeit auf Flughäfen und Bahnhöfen, wenig mit Freunden und Familie. Ein Termin jagt den nächsten. Nicht Sie haben einen Job, der Job hat Sie. Immer öfter fragen Sie sich „Wie lange will ich eigentlich noch so weitermachen? Wäre nicht weniger von alledem mehr?" Wäre Downshifting eine Lösung für Sie, um einen ganz individuellen Weg aus dem Hamsterrad zu finden?

Dieser TaschenGuide ist als Anregung gedacht, über solche Fragen nachzudenken. Kurz und knapp zeigt er Ihnen, worum es beim Downshifting geht und was Sie bedenken sollten auf Ihrem Weg zu mehr selbstbestimmter Arbeit.

Vielleicht bringt dieser kleine Begleiter ja ganz entscheidende Steine in Ihrem Leben ins Rollen – ich wünsche Ihnen gutes Gelingen dafür!

Wiebke Sponagel

Warum überhaupt Downshiften?

Eigentlich könnte doch alles bleiben, wie es ist: Leben und Arbeiten verlaufen in geregelten Bahnen. Wäre da nicht diese innere Stimme, die immer lauter sagt: „Da stimmt etwas nicht. Diese Art zu leben, passt nicht mehr zu mir."

In diesem Kapitel lesen Sie,

- was Downshifting bedeutet,
- welche Gründe dafür sprechen,
- welchen Vorurteilen Sie begegnen können, wenn Sie sich fürs Runterschalten entscheiden.

Was Downshifting bedeutet

Beispiel

Marcel D., 35 Jahre alt, hat BWL studiert, ist seit zehn Jahren berufstätig und arbeitet seit fünf Jahren in seiner aktuellen Position als Qualitäts- und Prozessmanager. Allerdings hat er von Tag zu Tag immer mehr das Gefühl, völlig fehl am Platz zu sein. Das betrifft sowohl das Unternehmen, als auch seine Tätigkeit. Er sagt: „Genau hier liegt mein Problem. Ich habe keine Ahnung, was mir beruflich mehr liegen würde oder ob ich einfach nur mal einen ‚Tapetenwechsel' bräuchte. Wahrscheinlich bin ich einer dieser Träumer, die sich wünschen, dass ihnen ihr Job Spaß macht und auch irgendwie sinnvoll ist, zumindest in der persönlichen Wahrnehmung."

Isabel M., 34 Jahre alt, verheiratet, ein Kind, studierte Mathematikerin, Abteilungsleiterin bei einer Versicherung in Vollzeit (ca. 45 bis 50 h pro Woche). Haus gebaut, Mann arbeitet als Arzt teilweise im Schichtdienst: „Seit einiger Zeit frage ich mich täglich, warum ich das Paket, das ich mir geschnürt habe, überhaupt noch rumtrage. Es macht mich definitiv nicht glücklich. Leider habe ich vor lauter Arbeit wenig Mut und auch keine rechte Idee, was ich ändern soll. Ich weiß nur, dass ich so nicht die nächsten Jahre weitermachen will."

Thorsten D., 41 Jahre alt, alleinstehend, leitende Position in einem internationalen Unternehmen: „Meine Situation ist besonders vom Zeitaufwand her unbefriedigend. Irgendwie verlangt sie nach Optimierung. Ich bin, ohne es zu merken, ein einsamer Wolf geworden. Ich habe mein Verantwortungsbewusstsein immer in den Job investiert. Aber eigentlich hätte ich gern eine Partnerschaft und Kinder, ein Zuhause eben. Ich bin aber dauernd unterwegs, und das macht keine Frau länger mit."

Silvia S., 44 Jahre alt, alleinstehend, seit ihrem BWL-Studium im Controlling tätig, mittlerweile Leiterin Finanzen: „Mein Arbeitsplatz ist ein einziges Haifischbecken geworden. Ich muss unglaublich viel Aufwand in das Steuern von Rivalitäten und Anfeindungen stecken, damit noch etwas Produktives rauskommt.

> Inzwischen habe ich den Eindruck, dass ich nur noch als leere Hülle funktioniere, Anerkennung gibt es ohnehin längst keine mehr. Ich frage mich, wozu das alles?"

Es wäre ein Kinderspiel, weitere Seiten mit ähnlichen Beispielen zu füllen. Nach einer Studie des Meinungsforschungsinstituts Gallup (2011) bezeichnen sich 63 % der deutschen Angestellten als „unengagiert", haben also innerlich gekündigt. Sie bleiben, obwohl der Job sie auslaugt oder keine Erfüllung mehr bringt, weil sie sich keine Alternative vorstellen können. Eine mögliche Lösung für Menschen in solchen Situationen ist das Runterschalten, das Downshiften.

Downshifter haben die Chance, Neuland zu betreten, herauszufinden, was sie können und was sie wirklich wollen. Denn das ist es, was Runterschalten eigentlich bedeutet: weitgehend im Einklang mit sich selbst und anderen leben und arbeiten, und zwar mit mehr Selbstbestimmung als zuvor.

Das heißt nicht, dass im Land des Runterschaltens ein gleichbleibender, paradiesischer Zustand herrscht – Beweglichkeit, nicht Statik ist das Ziel. Somit ist auch die Gleichung „mehr Langsamkeit bedeutet mehr Lebensqualität" falsch. Auch Downshifter sollten in der Lage sein, bei Bedarf mal wieder ein paar Gänge hochzuschalten. Langsamkeit allein kann die Lösung nicht sein – dann wird das Leben eintönig. Ziel des Downshiftens ist es, die Kontrolle über die eigene Zeit zurückzugewinnen sowie Lebenstempo und Inhalte besser steuern zu können.

Dafür braucht es unbedingt die Fähigkeit, selbst denken und entscheiden sowie die eigenen Gefühle und Bedürfnisse wahrnehmen zu können – eine Fähigkeit, die vielen von uns im fremdbestimmten Berufsleben abhandenkommt.

Mehr als ein Trend

Wer meint, das Runterschalten sei eine kurzlebige Mode, der irrt. Es ist ein Produkt der modernen Arbeitswelt. Denn wo Effizienz und Funktionalisierung vorherrschen, suchen Menschen mit eignen Ideen und Wünschen nach einem Gegenentwurf. Es ist die steigende Fremdbestimmtheit im Berufsleben, die das Runterschalten in seinen vielen Varianten hervorbringt. Wer downshiftet, will wieder Herr der eigenen Zeit sein.

Downshifter stellen die Sinnfrage. Sie haben entdeckt, dass Arbeitszeit Lebenszeit ist. Sie fragen sich, ob es sinnvoll ist, ihre Zeit für Unternehmensziele zu opfern, die sie nicht mehr mittragen. Denn die Werte, die bei der Berufswahl entscheidend waren, sind es später oft nicht mehr. Sie merken, für Status und gutes Gehalt ist ein hoher Preis zu zahlen: In der Lebensmitte weiß man kaum mehr, wer man eigentlich ist. Anpassung wurde belohnt, Individualität nicht.

Solange immer mehr Arbeit auf zu wenige Schultern verteilt wird, solange Menschen regelmäßig überlastet werden, kann die Antwort des Einzelnen nur Entlastung heißen. Damit ist der Downshifter noch lange kein „loser", im Gegenteil. Er ist jemand, der achtsam und verantwortungsvoll mit sich umgeht. Wer solche Schwarz-Weiß-Parolen ausgibt, verfolgt ein ziemlich durchsichtiges Ziel: selbst als „winner" dazustehen. Aber so simpel ist das nicht. Downshifting ist nämlich kein Spaziergang. Es erfordert genau die Kompetenz, die nach jahrelangem Rennen im Hamsterrad verloren gehen kann: zu wissen, wer man ist und was man will.

> Top-Kompetenz fürs Downshifting: Selbstkenntnis. Nur dem, der weiß, wer er ist, was er kann, was er braucht und was er will, wird es gelingen, runterzuschalten.

Eine Lösung für Sie?

Downshiften braucht also eine innere Haltung. Wenn Sie herausfinden wollen, ob Sie – theoretisch – diese innere Haltung haben, stellen Sie sich die folgenden Fragen.

Da Sie jetzt noch am Anfang Ihrer Beschäftigung mit dem Downshiften stehen, ist ein Hinweis ganz wichtig: Nicht für alles gibt es gleich eine Antwort, manches klärt sich erst später oder vielleicht auch nicht. Das Aushalten von Unsicherheit ist eine der großen Herausforderungen im Leben, das wird Ihnen dieser TaschenGuide nicht abnehmen. Wenn Ihnen also während dieser Lektüre mal Zweifel oder Ängste kommen, ist das eigentlich ein gutes Zeichen! Das gehört zu dem Erkenntnisprozess, den Sie durchlaufen. Entsprechend endet hier auch nicht jede Übung mit einer Auflösung – Sie selbst sind in der Verantwortung, Ihre eigenen Schlüsse zu ziehen.

Check: Welche innere Haltung habe ich?

- Kann ich eine Weile auch ohne Anerkennung von anderen auskommen?
- Kenne ich mich gut, oder bin ich bereit, herauszufinden, welche Bedürfnisse ich habe und was ich kann und will?
- Habe ich Inhalte jenseits der Arbeit, d.h., wenn ich Zeit für mich habe, weiß ich die zu nutzen?
- Kann ich ohne Konsum und Status klarkommen?
- Traue ich mir zu, etwas Neues zu wagen?
- Weiß ich, mit Krisen umzugehen oder bin ich bereit, es zu lernen?
- Kenne ich meine Grenzen? Kann ich mir erreichbare Ziele setzen?
- Bin ich kein Perfektionist und fähig, aus Fehlern zu lernen?

Zu den Fragen oben lässt sich als Fazit sagen: Wenn Sie mehr als die Hälfte dieser Fragen mit „Ja" beantworten, haben Sie schon Wertvorstellungen, die deutlich zum Downshifting tendieren. Und was, wenn nicht? Dann sind Sie möglicherweise in Ihrem jetzigen Leben gut aufgehoben und brauchen nur punktuell Veränderungen.

Was wollen Sie erreichen?

Wenn Sie klären wollen, ob Downshifting Ihr Problem lösen kann, fragen Sie sich zunächst, was Sie damit überhaupt erreichen wollen. Der Auslöser für Ihren Wunsch, runterzuschalten, enthält nämlich schon den Hinweis auf die beste Lösung:

- Geht es Ihnen darum, Ihre Arbeitsbelastung und Ihren Stress zu verringern? Dann könnte auch ein Abbau der Überstunden oder ein Schwenk auf Teilzeit – theoretisch! – zielführend sein.
- Ist es jedoch zusätzlich die Fremdbestimmung, die den Stress auslöst, dann wird eine Arbeitszeitveränderung diese Belastung nicht ganz aus der Welt schaffen.
- Oder stellt sich Ihnen die Sinnfrage und Sie suchen nach anderen Inhalten, vielleicht gar nach Ihrer Berufung?

Die folgenden Fragen helfen Ihnen dabei, den für Sie passenden Grad des Runterschaltens herauszufinden.

Check: Worum geht es mir?

- Ist es der große Wurf, den ich mir wünsche – endlich der Traumjob – oder kann ich meine Bedürfnisse auch in kleinen Schritten verwirklichen?
- Wäre ich damit zufrieden, beim bisherigen Arbeitgeber zu bleiben und mein Überstundenkonto zu reduzieren? Wenn ja, würde der Arbeitgeber da mitmachen?
- Wäre Teilzeit eine Lösung?
- Würde ein Jobwechsel meinen neuen Zielen entsprechen?
- Habe ich eine Idee für eine Selbstständigkeit und könnte ich mir vorstellen, selbstständig zu arbeiten?

Sie sind unschlüssig und fragen, woher soll ich das alles jetzt schon wissen? Dann lassen Sie sich noch etwas Zeit damit. Weil es so wichtig ist, sich über Motive und Ziele des Downshifting im Klaren zu sein, finden Sie mehr dazu im zweiten Kapitel.

Pro und Contra

Die Standpunkte für und gegen das Runterschalten haben jeweils einen gemeinsamen Nenner: Überzeugte Downshifter führen für ihre Haltung meist ideelle Gründe ins Feld, ihre Gegner dagegen eher materielle. Das Downshifting kann jedoch in unterschiedlichen Ausprägungen stattfinden, daher gibt es auch eine „Grauzone" dazwischen.

Für das Runterschalten spricht der Gewinn an Lebensqualität und selbstbestimmter Zeit, der anders kaum zu erreichen ist. Allerdings sollte niemand behaupten, dass dies rezeptartig für alle zutrifft oder ratsam ist. Es ist z.B. ein Unterschied, ob sich jemand dafür entscheidet, der in seiner Lebensmitte angekommen ist, oder jemand mit Anfang 30. Jüngere Menschen im Angestelltenverhältnis brauchen noch Mentoren und vorgesetzte Fürsprecher, die sie bei ihrer Karriere unterstützen. Einem 50-Jährigen kann das schon eher egal sein.

Auch die Konsequenzen im Bekanntenkreis sind nicht jedem so klar. Da viele Berufstätige meinen, auch ihre Freunde am Arbeitsplatz finden zu müssen, wird eine Bewegung raus aus dem Arbeitsumfeld mit dem Verlust dieser „Freunde" einhergehen. Und selbst wenn man nicht dem verbreiteten Irrtum aufsitzt, Kollegen für Freunde zu halten: Auch arbeitsplatzferne Freunde könnten eine Downshift-Veränderung als Angriff auf ihr Selbstverständnis auffassen. Allerdings sagen viele Downshifter, das sei dann eben so und nehmen in Kauf, dass sich genau hier die Spreu vom Weizen trennt.

Und wie ist das mit dem Status? Mit all den kleinen und großen Ersatzsymbolen für Anerkennung, die Berufstätige für den Handel „Arbeitszeit gegen Lebenszeit" erhalten: die Zugehörigkeit zu einer namhaften Firma, weite Geschäftsreisen, gutes Gehalt, neueste Technik und so weiter und so fort. Damit verbunden ist die erhoffte Sicherheit, da gehörst du hin, die allerdings blitzschnell aufgekündigt werden kann. Wenn man genau hinschaut, ist doch sowieso nur sicher, wer man selbst ist, und was man selbst kann. Funktionsträger sind austauschbar, davon lebt die moderne Arbeitswelt. Also ist auch die suggerierte Sicherheit in vielen Fällen nur Augenwischerei. Aber vielleicht lässt man sich auch gern eine Zeit lang die Augen wischen, um so eigene Ziele zu erreichen. Es ist Ihre Entscheidung. Sie selbst bestimmen, wann Sie runterschalten wollen und wie weit Sie damit gehen wollen.

Übersicht: pro und contra Downshifting

Pro	Contra
Mehr selbstbestimmte Zeit, aber nicht unbedingt weniger Arbeit.	Eventuell ein geringeres Einkommen.
Mehr Eigenverantwortlichkeit, mehr Gelassenheit, weniger Negativ-Stress.	Eventuell weniger Sicherheit, weniger Ersatzsymbole für Anerkennung und Status.
Eventuell mehr Zeit für Weiterbildungen, und dafür, sich selbst zu entwickeln.	Eventuell Umstellung des Bekanntenkreises.
Die Möglichkeit, im Einklang mit sich sinnerfüllt zu leben. Vielleicht sogar einen lang gehegten Traum zu verwirklichen.	Ein Wagnis – erst nachher wissen Sie, ob es gelungen ist.

Irrtümer und Vorurteile

Wir haben gesehen, dass es also Argumente gibt, die für und gegen Downshifting sprechen. Es kursieren aber auch jede Menge Vorurteile und Irrtümer darüber. Wer runterschalten will, kommt nicht daran vorbei, sich mit ihnen auseinanderzusetzen – er oder sie wird diesen in den Medien verbreiteten Gerüchten ohnehin begegnen.

- **Irrtum Nr. 1**: Downshifting ist ein Totalausstieg.
  Auch wenn die Kontra-Karriere „vom Manager zum Schäfer" durchaus medienwirksam ist, kommt sie in der Praxis kaum vor. Wer runterschaltet, arbeitet nach wie vor in gängigen Berufen, selbstständig oder angestellt, nur zufriedener als vorher.
- **Irrtum Nr. 2**: Downshifter sind Leistungsverweigerer.
  Ganz im Gegenteil: Downshifting ist kein Spaziergang. Wem es gelingt, seine eigenen Ziele zu erkennen und zu verwirklichen, der leistet allerhand.
- **Irrtum Nr. 3**: Downshiften können sich nur die Reichen leisten.
  Es gibt unendlich viele Lösungen für das Runterschalten, denn es ist ja gerade kein Totalausstieg. Fast jeder kann das bis zu einem gewissen Grad.
- **Irrtum Nr. 4**: Downshifting hat nur mit Stressvermeidung zu tun.
  Die Sinnfrage ist mindestens genauso wichtig als Auslöser für das Runterschalten. Im Übrigen arbeiten viele nach dem Downshiften durchaus wieder viel, aber eigenverantwortlich und gelassener. Der weiterhin mögliche Stress wird jedoch als positiv empfunden.

Fazit: Wenn Sie downshiften wollen, werden Sie Gegenwind in unterschiedlichster Form spüren – besser, Sie stellen sich darauf ein.

Passgenau für Sie

Das Runterschalten ist eine ganz individuelle Sache. Allgemeingültige Rezepte oder Anleitungen gibt es dafür nicht – auch in diesem TaschenGuide nicht, denn es ist ja Ihr Leben, um das es geht, und Sie sind absolut einzigartig!

Man kann es aber auch umgekehrt sehen und sagen: Menschen, die runterschalten wollen, haben die Qual der Wahl. Sie können nicht nur, sie müssen selbst entscheiden, wie weit sie gehen wollen. Und mit dem Selbstentscheiden hat man so seine Schwierigkeiten, je länger man bisher schon Teil des Hamsterrads war. Schließlich werden einem da die meisten Entscheidungen abgenommen. Damit Sie Ihre Urteilskraft und den Zugang zu Ihren eigenen Bedürfnissen wiederfinden, benötigen Sie also Zeit und Abstand (mehr dazu im Kapitel „Was Sie zum Runterschalten brauchen“).

Hier, lange bevor Sie Ihren Blick nach vorn werfen, nehmen Sie sich doch ein paar Minuten, über Ihren momentanen Umgang mit Zeit nachzudenken. Einfach so, um sich mal wieder das zu gönnen, wozu man sonst nie kommt: Nachdenken. Und um sich daran zu gewöhnen, ohne Rezeptlösungen eigene, für Sie passgenaue Schlüsse aus diesen Übungen zu ziehen.

Check: Wofür habe ich Zeit?

- Wie viel meiner Zeit (in Prozent) ist durchgetaktet?
- Wie viel meiner Zeit (in Prozent) ist Leerlauf?
- Was ist für mich „nutzlose Zeit"?
- Wie viel meiner Zeit verbringe ich mit Freunden und Familie?
- Wie viel meiner Zeit verbringe ich mit Nachdenken und worüber denke ich dann nach?
- Wie oft sehen ich fern – was wäre, wenn ich darauf verzichten würde?
- Wann habe ich zuletzt einen Tag verbummelt?
- Wie viel Lebenszeit habe ich wohl noch?
- Wie heißt der Titel für ein Buch über mein Leben?
- Wie heißen die bisherigen Kapitel?
- Wie sollen die künftigen Kapitel heißen?

Auf einen Blick: Warum Downshiften?

- Downshifting ist eine Möglichkeit, der Fremdbestimmtheit unserer modernen Berufswelt zu entfliehen.
- Es gibt keine Rezepte für das Runterschalten: Jeder kann und muss für sich herausfinden, wie weit er damit gehen will.
- Wer downshiftet, wird mit Vorurteilen und Irrtümern konfrontiert.
- Bevor man beginnt, sich selbst kennenzulernen und neue Inhalte zu finden, braucht man räumlich und inhaltlich Abstand und Zeit für sich.
- Will man neue berufliche Ziele ansteuern, sollte man vorher klären, was man mit der Kursänderung erreichen will.
- Der Schlüssel zum Runterschalten liegt in der Selbstkenntnis: Nur wer weiß, wer er ist und was er braucht, wird auch zufrieden werden.

Welches Motiv treibt Sie an?

Was motiviert Sie dazu, runterzuschalten? Diese Überlegung ist wichtig, denn je nach persönlicher Ausgangslage gibt es unterschiedliche Lösungswege.

In diesem Kapitel lesen Sie,

- warum es gut ist, wenn die Sinnfrage in Ihnen plötzlich immer lauter wird,
- weshalb Sie Stress- und Erschöpfungssignale ernstnehmen sollten und welche Konsequenzen das hat,
- welche Chancen sich Ihnen bieten, wenn Sie das Gefühl haben, in einer Krise zu stecken.

Auf der Suche nach Sinn

Sollte Ihnen seit geraumer Zeit eine innere Stimme zuraunen „Wozu machst Du das eigentlich?", wundern Sie sich nicht. Das ist vollkommen normal für unsere Spezies und zu erwarten. Ungewöhnlich wäre eher das Gegenteil, wenn Sie nämlich ohne jeden Zweifel durch Ihr Leben spazieren würden. Genauso, wie „Irren" menschlich ist, gehört die Sinnsuche seit Urzeiten zu unserem menschlichen Daseins-Programm.

Zugleich ist sie aber auch Teil des Individualprojekts „älter werden". Irgendwann merken wir nämlich, dass unsere Lebenszeit und Kraft begrenzt sind. Die verbleibende Restzeit wird mit jedem Geburtstag kürzer. Und selbst wenn sich mittlerweile der Gruß „Schönes Rest-Wochenende" eingebürgert hat, wer mag schon so deutlich werden und mit „Schönes Rest-Leben noch!" gratulieren? Was also tun mit der schrumpfenden Restzeit? Sinnvoll soll sie gefüllt werden, das wünschen sich die meisten Menschen. Am Ende des Lebens will man sagen können: „Es war gut so, ich bin zufrieden und dankbar, dieses Leben gehabt zu haben." Bis dahin allerdings plagen wir uns mit Sinnkrisen aller Art – Zweifel an uns selbst, an Beziehungen, an Vorgesetzten und Kollegen, an nicht mehr zu ändernden Entscheidungen. Vielleicht war der berufliche Weg, den Sie eingeschlagen haben, so eine Entscheidung, und Ihr Job kommt Ihnen jetzt vor wie eine Zwangsjacke.

Beispiel

Roland G. ist 41 Jahre alt, verheiratet, hat zwei Kinder, eine Doppelhaushälfte. Er hat eine gut bezahlte Position, aber auch hohe monatliche Belastungen. Die Familie und das Heim wollte er immer als Gegenpol zum Job, als Zufluchtsort. Mittlerweile findet er, dass er sogar daheim zum Funktionsträger geworden ist. Seine Rolle als verantwortungsvoller Vater spielt er gern. Aber seit der Geburt der Kinder ist er nur noch Vater, nicht mehr Eroberer und Liebhaber seiner Frau. Man lebt nebeneinander her, satt und unbefriedigt. Ähnlich ist es im Job: Der Reiz der Herausforderung ist nach über 15 Berufsjahren weg. Anstrengend sind die politischen Ränkespiele, auch die Überstunden. Eine Beförderung steht seit Jahren aus, wird aber immer wieder verschoben, Lob oder Anerkennung gibt es nicht. Spaß macht das längst nicht mehr. Selbst das Aufstehen fällt ihm mittlerweile schwer: „Ich erfülle alle Erwartungen, die man von außen an mich stellt, aber ich mache das, weil ich muss, und nicht, weil ich will. Ich fühle mich wie in einer Zwangsjacke ..."

Petra S. ist 39 Jahre alt und Managerin in einem weltweiten Konzern. Sie liebte ihren Job, das Fliegen um die Welt, die Wichtigkeit ihrer Position. Inzwischen sieht sie das anders. Die stete Beweglichkeit hat sie privat zum Einzelgänger gemacht. Eine Beziehung wünscht sie sich, aber „machbar" ist das kaum. Ihr wird klar: „Das Leben ist keine Generalprobe – es gibt nur diese eine Aufführung. Ich muss etwas ändern, und zwar jetzt."

Das Spannende an der Sinnfrage ist, dass jeder sie anders beantworten wird. Bestimmt gibt es Menschen in ähnlichen Situationen wie Roland G. oder Petra S., die damit vollkommen zufrieden sind. Wer allerdings mit der Sinnfrage konfrontiert ist, will sie auch für sich beantworten. Denn er erlebt einen irritierenden Wandel an sich: Die Werte, die bisher wichtig waren, sind es nämlich plötzlich nicht mehr. Vor diesem Hintergrund wird das Leben, das man führt, immer mehr zur Fassade, deren Aufrechterhaltung immer mehr Energie fordert. Wenn Sie herausfinden wollen, ob Sie an einem Wendepunkt mit einem solchen Wertewechsel angekommen sind, sollten Sie sich Fragen wie die folgenden stellen.

Check: Fragen für Sinnsucher

- Welche Werte haben meine Berufswahl beeinflusst? Welche Werte sind jetzt für mich wichtig? (Beispiele: Perfektion/Fehlertoleranz, Fremdbestimmtheit/Selbstbestimmtheit, Schnelligkeit/Entschleunigung)
- Welche Menschen waren bei meiner Berufswahl für mich wichtig? Welche sind es jetzt?
- Wie viel Zeit meines Lebens will ich mit einer sinnvollen Tätigkeit füllen?
- Was will ich am Ende meines Arbeitslebens erreicht haben?
- Wie viel Zeit habe ich noch bis dahin?
- Welche künftigen Entwicklungen wünsche ich mir?
- Habe ich jetzt genug Einfluss auf meine Lebensweise oder hätte ich gern mehr?
- Was an meiner jetzigen Tätigkeit finde ich sinnlos und welche Jobinhalte finde ich sinnvoll?

Verlängern Sie diese Liste gern durch diejenigen Fragen, die Sie im Kopf haben. Wie gesagt, selbst denken und fühlen ist das A und O bei der Kursänderung, um die es hier geht. Und falls Sie auf manche Fragen keine Antwort finden, was dann?

Mit dieser Unsicherheit umzugehen, ist Teil des Prozesses. Halten Sie es aus, manche Fragen erst einmal „offen" zu lassen. Vielleicht sind sie ja nicht zu beantworten oder Sie brauchen noch etwas Zeit. Der Weg entsteht beim Gehen.

Dem Leben Sinn geben

Wir können suchen und suchen, wenn wir eins nicht verstehen, wird die Suche vergeblich sein: Wir selbst sind gefordert, die Zusammenhänge herzustellen, die etwas für uns sinnvoll machen. Es ist eine aktive Haltung, die mit der Sinnfindung belohnt wird, nämlich die des Sinngebens. Ich knüpfe mein Sinngewebe selbst, ich gestalte es. Die wahre Kunst bei diesem Knüpfwerk liegt darin, möglicherweise auch das zu akzeptieren, was unangenehm und schmerzlich ist, wenn es nicht zu ändern ist.

Es geht also keineswegs darum, nur das Positive, Schöne und Perfekte zu finden oder danach zu streben. Im Gegenteil: Halten wir hier einfach fest, dass das Wunderbare und Aufregende der Sinnsuche in der Option liegt, auch die Existenz des Misslingens, des Hässlichen und des Unerfreulichen zu bejahen. Wenn Ihnen das gelingt, machen Sie eine Erfahrung, die zugleich einzigartig und universell ist – sie macht Sie zu einem Unikat, wohl wissend, dass diese Art von Erfahrung auf jeden von uns wartet.

Beispiel

Daniel S., Ingenieur, 48 Jahre alt: Meine Stärke im Kundenkontakt fiel schnell auf. So kam ich in den Vertrieb. Für den Vertrauensvorschuss von meinen Chefs habe ich mich aufgerieben, zuletzt als Vertriebsleiter Europe. Aber es kam mir immer fragwürdiger vor, irgendwelche Prozentpunkte an Gewinnsteigerung zu erzielen. Ich musste ständig mehr Energie in die Arbeit stecken. Zum Schluss war ich gar nicht mehr gut im Job, sondern nur noch ein Getriebener. Auch für die politischen Spielchen musste ich mich ständig verbiegen. Mir dämmerte: Irgendwie war ich gescheitert. Misserfolg passte zwar nicht in mein Selbstbild, aber letztlich war diese Erkenntnis der Wendepunkt. Denn so ging es nicht weiter, auch das Unternehmen signalisierte das. Als ein Freund fragte, ob ich mit in sein Ingenieurbüro einsteigen will, war ich sofort dabei, obwohl der Verdienst viel geringer ist. Hier brauchen wir immer noch mein gutes Kundenmanagement, aber für uns. Ohne ständige Fremdansage. Und das Beste: Ich bin viel gelassener und habe wieder Zeit für Sport. Ohne meinen Wechsel hätte ich diese Zufriedenheit nie kennengelernt.

Die Kunst des Sinngebens: Sinn herstellen und selbst gestalten. Akzeptieren, was nicht zu ändern ist.

Zurück zur Ihrer eigenen Sinnsuche. Vielleicht wissen Sie nicht so recht, wo Sie ansetzen sollen und es hilft Ihnen, die Aktionsfelder Ihrer Sinnsuche einzugrenzen.

Check: Aktionsfelder meiner Sinnsuche

Meine Gesundheit: Was tue ich, um das Haus instandzuhalten, in dem mein Geist lebt?
▪ Bin ich ein Anhänger von Körperkult/Schönheitschirurgie oder eher das Gegenteil: Vernachlässige ich meinen Körper? Was finde ich sinnvoll in Bezug auf meine Gesundheit? Bin ich ein Kopfmensch, der körperliche Bedürfnisse gern ausklammert?
▪ Stimmt mein Liebesleben? Wie ernähre ich mich? Was tue ich, um Körper und Geist in Einklang zu bringen? Musik, Tanz? Sex? Essen? Sport? Meditation? Was genieße ich mit allen Sinnen
Endlichkeit: Wie gehe ich mit meinem Tod um?
▪ Habe ich eine Patientenverfügung und ein Testament gemacht? Habe ich für mich und meine Lieben vorgesorgt für den Krankheitsfall?
▪ Verbiete ich mir den Gedanken daran? Oder kann ich die Schönheit eines Moments auch genau deshalb genießen?
Beziehungen: Wie „reich" bin ich in Bezug auf meine Beziehungen?
▪ Habe ich Hunderte von virtuellen Freunden und kaum echte?
▪ Bin ich zufrieden mit meiner Beziehungsgestaltung und den Rollen, die ich dabei übernehme?
▪ Kann ich auch mit steigendem Alter neue Bekanntschaften/Freunde finden?

Wohnen: Bin ich da, wo ich wohne, auch zu Hause?

- Fühle ich mich dort wohl oder gibt es Veränderungsbedarf?
- Wie stelle ich mir meine Wohnsituation im Alter vor?

Finanzen

- Welche Sicherheitsbedürfnisse habe ich und wie weit sind sie abgedeckt?
- Auf welche Konsumbedürfnisse kann ich verzichten?

Geistige Beweglichkeit: Was tue ich für meine intellektuelle Libido?

- Wie halte ich mich lernfähig und aufgeschlossen gegenüber Neuem?
- Was möchte ich noch lernen, wohin möchte ich noch reisen?

Berufsleben: Was ist gut, wie es ist? Was möchte ich ändern?

- Habe ich genug Entwicklungschancen? Kann ich die Ziele, die ich anstrebe, in diesem Umfeld erreichen?
- Kann ich gut mit beruflichen Rückschlägen umgehen?
- Welche Erfolge hätte ich noch gern?

Mit dieser Übung sollten Sie die Schwerpunkte Ihrer Sinnsuche oder Ihres Veränderungsbedarfs lokalisiert haben. Wie Sie diese Veränderungen anpacken können, lesen Sie später im Kapitel „Was Sie zum Runterschalten brauchen". Wenn es Ihnen allein um die Sinnsuche geht, können Sie das nächste Kapitel getrost links liegen lassen, nicht aber das Kapitel über

Ihr persönliches Krisenmanagement („Auf alle Fälle krisenerprobt"). Es sei denn, Sie sind darin schon Meister aller Klassen.

Auf der Suche nach Entlastung

Noch etwas treibt Menschen an, runterzuschalten: der Wunsch nach Entlastung. Und tatsächlich, Statistiken und Studien von Krankenkassen und Ministerien belegen es: Die Zahl der arbeitsbedingten Erkrankungen in Deutschland ist in den letzten Jahren sprunghaft gestiegen. Eine Studie des wissenschaftlichen Instituts der AOK (WidO) zeigt z. B., dass sich zwischen 2004 und 2011 die Zahl der burn-out-bedingten Fehltage in deutschen Unternehmen verneunfacht hat. Für das sog. Burn-out-Syndrom haben Mediziner jedoch noch immer keine Definition gefunden. Keiner weiß so genau, was das ist, aber alle reden davon.

Trend unserer Zeit: keine Zeit, Schablonentypen

Etwas jedoch ist sicher: In der Wirtschaft wird immer mehr Arbeit auf immer weniger Schultern verteilt. Die Kosten dafür tragen wir alle. Ganze Wirtschaftszweige – Krankenkassen, Wellness, Reisebranche, Kliniken – befinden sich im Aufwind, weil mit der sog. Human Ressource alles andere als nachhaltig umgegangen wird.

Vor diesem Hintergrund kann eines gar nicht klar genug gesagt werden: Mit Leistungsanforderungen umzugehen, ist nicht das Problem. Die meisten Menschen leisten gern viel. Aber Leistung wird meist nicht anhand von Erfolgen, sondern anhand von Anwesenheit gemessen. Wenn Mitarbeiter also zu lange arbeiten, dann, weil es alle tun. Schnell geht sonst die „Zugehörigkeit zur Firma/zu den Kollegen" verloren. Genau da liegt das eigentliche Problem: Es gibt in Deutschland das Wort vom „Kollegenschwein". Es grenzt denjenigen aus, der auf sich achtet und „Nein!" sagen kann, wenn ihm zu viel Arbeit aufgebürdet wird.

Druck entsteht zusätzlich durch die Nachfrage nach einem Menschentyp, der als „kommunikativ kompetent" gilt. Er soll in der Außendarstellung strahlen, sicher in Präsentationen sein, geschickt in Verhandlungen und souverän in Konflikten. Auch wenn sie eigentlich introvertiert sind und sich extrem dafür verbiegen müssen: Alle wollen diesem vermeintlichen Ideal nahe kommen. Das kostet Kraft.

> Es ist nicht nur der enorme Zeitdruck, der Menschen bei der Arbeit auslaugt. Es ist auch der Aufwand, unter allen Umständen die Fassade des strahlenden Siegertypen aufzubauen und zu erhalten.

Der Herdenzwang an vielen Arbeitsplätzen hat zur Folge, dass natürliche Leistungsgrenzen ständig überschritten werden – nur dann ist man anerkanntes Mitglied im Rudel. Überhaupt gilt es als chic, „keine Zeit" zu haben. Es ist ein Gradmesser für die Wichtigkeit einer Person, genauso wie die „ständige Erreichbarkeit" über elektronische Helferlein, wie z.B. Smartphones und Co. Paradoxerweise scheint also gerade das beim Arbeitsumfeld anerkannt zu sein, was dem Einzelnen schadet.

Der Gegentrend: gewappnet sein

Die Erfahrung zeigt, dass es sich lohnt, mit diesem Schadenspotenzial offensiv umzugehen. Es herrscht ja ohnehin eine Klagekultur an vielen Arbeitsplätzen – die wiederum, da man ja etwas teilt, Zugehörigkeit schafft. Wer von Anfang an überzeugend vermittelt, dass er dieses Klagen-ohne-etwas-zu-tun nicht mittragen will, aber dennoch einen guten Beitrag leistet, kann möglicherweise seine Haut retten. Mittendrin, also nachdem er oder sie schon als Arbeitsbiene bekannt ist, wird das deutlich schwerer sein. Denn das ist, wenn man genau hinschaut, der Deal: In der ersten Hälfte des Berufslebens riskiert man seine Gesundheit, um viel Geld zu verdienen. In der zweiten Hälfte gibt man es aus, um die Gesundheit wieder herzustellen. Ziemlich sinnfrei, das Ganze.

Nur Erschöpfung oder schon Burn-out?

Das Heimtückische an dem schleichenden Verlust der Gesundheit ist, dass er vom Betroffenen zunächst nicht beachtet wird. Gut, es zwickt mal hier, mal da, der Schlaf leidet, die Konzentration nimmt ab, aber das wird ignoriert. Funktionieren ist wichtiger. Dabei müssten bei dauerhaften Beschwerden die Alarmglocken angehen, denn das sind körperliche Warnsignale dafür, dass gerade etwas aus dem Ruder läuft.

Beispiel

David R., Ende 30, Account Manager in einem weltweiten Konzern. Seine Vorgesetzten schätzten an ihm immer seine Leistungsorientierung, er war ein idealer Mitarbeiter. Kollegen mochten seine Hilfsbereitschaft – er sprang ein, wenn Not am Mann war. Seine Bereitschaft, im Job „alles zu geben", und seine Überzeugung, sich Anerkennung nur dort zu holen, machten ihn zum idealen Opfer für Burn-out. Fragte man ihn nach seinem Freundes- und Familienkreis, wurde er kleinlaut: „Dafür fehlt einfach die Zeit".

Schleichend begann der Kreislauf, der ihn immer tiefer in die Erschöpfung zog: Zunächst kam das Gefühl, müde zu sein, immer öfter. Auch Urlaube und Wochenenden halfen da irgendwann nicht mehr. Guter Schlaf war nicht mehr zu haben – zu oft drehte sich das Kopfkino um aufreibende berufliche Situationen. Immer öfter wurde er krank – ein Schnupfen dauerte und dauerte, Rückenschmerzen kamen dazu. Ganz „nebenbei" fiel ihm irgendwann auf, dass er für das Lesen und Schreiben seiner Mails doppelt so lang brauchte wie früher – das Konzentrieren fiel ihm schwer. Je mehr die Energien schwanden, desto mehr versuchte David, noch mehr und länger zu arbeiten.

Die Rückenschmerzen wurden irgendwann zum Dauerproblem. Aber Schmerzmittel bekommt man ja Gott sei Dank rezeptfrei, zum Arzt wollte David nicht gehen. „Ich kriege das schon wieder hin", glaubte er. Er war inzwischen „ungenießbar", ständig gereizt und zynisch. Am Arbeitsplatz ließ die Leistung immer drastischer nach – bis er vor einer Präsentation eine Panikattacke hatte und zusammenbrach. Diagnose: Burn-out mit 39 Jahren.

Die Burn-out-Karriere von David R. steht exemplarisch für viele. Sie kann sich über einige Monate oder mehrere Jahre erstrecken. Die „Endstation" Klinik scheint für echte Workaholics die einzig mögliche Entschuldigung für das Fernbleiben vom Job zu sein. Menschen, die Anerkennung und Zugehörigkeit überwiegend im Arbeitsumfeld suchen, brauchen immer mehr desselben Stoffs, der Droge Arbeit. Wer diesen Teufelskreis durchbrechen will, muss sich – wie andere Süchtige – schonungslos klarmachen, wovon er da abhängig ist, und wohin das führen kann. Dabei kann die folgende Übersicht helfen. Sie umfasst die drei Phasen, die zur totalen Ermattung führen.

Drei Stadien der Erschöpfung nach Unger/Kleinschmidt

1 **Erste Erschöpfungssignale:**

diffuse körperliche Symptome wie Erkältungen, Schlafprobleme, Kopf- oder Rückenschmerzen. Ein Zusammenhang mit der Arbeitssituation wird selten vom Arzt erkannt. Betroffene arbeiten weiter trotz guter Ratschläge von Freunden und Familie, die sie meist als persönliche Kritik auffassen. Typische Kommentare: „Ich kann ja doch nichts ändern" oder „Ich muss noch warten, bis ... geschieht." In diesem Stadium kann der Ausstieg noch ohne größere gesundheitliche Folgen gelingen.

2 **Verhaltensänderung und Reizbarkeit:**

Die Arbeit ist der Dreh- und Angelpunkt des Lebens. Die Leistung lässt schon nach, deshalb wird Arbeit mit nach Hause genommen. Notwendige Ausgleichsaktivitäten fal len flach. Typisch in dieser Phase: starke Ängste, Herzprobleme, nachlassende Gedächtnisleistung, Tunnelblick aufs Funktionieren. Die Forderung des Umfelds nach Verhaltensänderung erleben die Betroffenen als zusätzlichen Druck, sie reagieren mit Wutausbrüchen und weiterem Rückzug. Keine Zeit für Gemeinsamkeiten, für entspannenden Sex. Ein Ausstieg in diesem Stadium ist schwierig, aber machbar.

3 **Höchste Gefährdung:**

große Probleme in der Partnerschaft (falls diese noch vorhanden ist), totaler Verlust der Selbststeuerungsfähigkeit. Die Arbeitsleistung sinkt drastisch, Defizite sind nicht mehr zu verstecken. Schlafstörungen, Suizidgedanken. Typische Gedanken: „Ich kann nicht mehr. Ich will nicht mehr." Einsamkeit wird als extrem erfahren. Am Schluss dieser Erschöpfungsspirale steht der Burn-out.

Natürlich ist nicht jede Erkältung der Vorbote eines Burn-outs. Aber falls Sie sich in der Summe der Symptome auf einer dieser Stufen wiedererkennen, sollten Sie sofort Hilfe für sich suchen. Auf Stufe 1 kann das noch ein Coach für Sie leisten, bei den anderen beiden Stadien ist therapeutische Hilfe notwendig. Nehmen Sie sich Zeit für sich und suchen Sie eine Lösung, die zu Ihnen passt, kein Patentrezept.

Schritt für Schritt: To dos bei Erschöpfungsalarm

1. Erkennen, wann man Hilfe braucht.
2. Hilfe annehmen können, um den Tunnelblick wieder zu verlieren.
3. Sich Zeit für sich erlauben und nehmen.

Sind Sie gewappnet gegen die Workaholic-Falle?

Der Weg in den Burn-out ist, wie die Erschöpfungsspirale zeigt, vorgezeichnet. Arbeitssüchtige sind besonders anfällig dafür. Um das Erschöpfungssyndrom zu vermeiden, wäre es also am klügsten, die Arbeitssucht zu vermeiden – nur wie soll das gehen? Die Arbeitslast ist in vielen Unternehmen so groß, dass nur eine strukturelle Änderung mit mehr Personal die Lösung wäre. Da dies aber kaum zu erwarten ist, sind Sie umso mehr auf Ihre Fähigkeit angewiesen, sich abzugrenzen und überzeugend „Nein" zu sagen. Ebenso unverzichtbar ist das Vermögen, die eigenen Leistungsgrenzen zu kennen und zu beachten.

Wer mit beidem Schwierigkeiten hat, ist gefährdet, der Arbeitssucht zu verfallen. Allerdings gibt noch andere Eigenschaften, die diese Tendenz verstärken. Die Sehnsucht zum Beispiel, Zugehörigkeit und Anerkennung zu finden. Oder deutlicher: sich über Opferbereitschaft das Gefühl zu erhandeln, dazu zu gehören und „respektiert, anerkannt und geliebt" zu werden. Das mag für den Arbeitskontext ungewöhnlich klingen, aber wenn wir ehrlich sind, sind das die eigentlichen Bedürfnisse, die dahinterstecken.

Um nicht in die Workaholic-Falle zu tappen, sollten Sie also lernen, sich immer wieder selbst auf die Schultern zu klopfen. Sie müssen das nicht vor anderen tun, aber für sich sollten Sie es so regelmäßig tun wie das Zähneputzen.

Beispiel

Sie können daraus ein Ritual mit einem allabendlichen Selbstlob machen, das Sie vielleicht sogar schriftlich in einem Notizbuch festhalten. Andererseits sollten Sie sich Ihr Liebes- und Anerkennungsfeld auch (!) anderswo erschließen: Freunde, Partnerschaft, Familie sind dafür das geeignete Terrain.

Grundsätze für Selbstlob: Eigenlob – in Maßen – stinkt nicht. Es macht Sie unabhängiger. Auf sich selbst achten: Rechtzeitig Grenzen gegenüber zu hohen Fremderwartungen setzen, freundlich, aber bestimmt. Klar sehen: Kollegen mögen nett sein, aber sie sind keine Freunde, sondern Konkurrenten. Solidarität unter Kollegen ist schwierig und rar.

Wie Sie die Workaholic-Falle umgehen

- **Setzen Sie Grenzen.**
  Nein sagen an sich ist keine Brüskierung. Je nach Situation können Sie eine Begründung zum Nein mitliefern oder auch nicht. Sie müssen nicht mit jedermann klar kommen.
- **Beachten Sie Ihre Leistungsgrenze.**
  Sie sind keine Maschine – und selbst die muss regelmäßig gewartet werden. Nur im steten Wechsel mit Erholung und Pausen kann gute Leistung erbracht werden.
- **Machen Sie sich unabhängiger von äußerer Anerkennung.**
  Eigenlob stinkt nicht. Halten Sie regelmäßig schriftlich fest, was Ihnen gelungen ist und was Ihnen Freude gemacht hat.
- **Pflegen Sie Ihren Wohlfühlkreis.**
  Holen Sie sich und geben Sie Zugehörigkeitsgefühl und Liebe im privaten Umkreis. Achten Sie auf Ihre emotionalen Bedürfnisse und die Ihrer Lieben.

Es ist für das Downshiften von elementarer Bedeutung auszuschließen, dass Sie möglicherweise halb oder ganz im Burn-out stecken. Wenn dem so ist, haben Sie nämlich momentan keine Energien für einen Veränderungsprozess. Dann müssen Sie sich erst mal auskurieren. Deshalb an Sie die Bitte: Testen Sie mit den folgenden Fragen, ob Sie Burn-out gefährdet sind.

Check: Sind Sie Burn-out-gefährdet?

- Haben Sie in den letzten Monaten körperliche Beschwerden oder Schmerzen?
- Trinken Sie mehr Alkohol als sonst?
- Sind Sie gereizter als früher?
- Arbeiten Sie oft bis zur Erschöpfung?
- Nehmen Sie Arbeit mit nach Hause oder in den Urlaub?
- Ist Ihnen die Arbeit wichtiger als Familie und Freunde?
- Trauen Sie sich nicht, über Ihre Probleme, die Arbeit zu bewältigen, zu reden?
- Haben Sie manchmal Ängste, die Sie früher nicht kannten?
- Finden Sie es schwer, Prioritäten zu setzen?
- Fällt es Ihnen schwer, sich zu konzentrieren?
- Haben Sie Schlafmangel oder Schlafstörungen?
- Nehmen Sie Schlaf- oder Beruhigungs- oder Aufputschmittel?

- Meinen Sie, sich Pausen und Erholung nicht leisten zu können?
- Fühlen Sie sich einsam?
- Kommt Ihnen alles sinnlos vor?
- Fällt es Ihnen schwer, Ihre eigenen Bedürfnisse gegenüber anderen durchzusetzen?
- Machen Sie sich Sorgen um die Zukunft, auch wenn momentan alles gut geht?
- Erleben Sie kaum mehr körperliche Freuden z.B. durch Sport, Tanz, Sex, gutes Essen, Meditation?

Wenn Sie bei diesem Test mehr als fünf Fragen mit „Ja" beantworten, sollten Sie sich Hilfe von außen holen. Denn je mehr die Erschöpfung zunimmt, desto unzuverlässiger wird Ihre Urteilskraft. Sie sollten das Downshifting dann erst mal verschieben.

Nicht jeder Stress schadet

Auch das will mal klar gesagt sein: Burn-out ist keine Modekrankheit, die man haben muss, und Stress an sich ist auch nicht unbedingt schädlich. Nur der sog. Negativ-Stress, den man als Belastung empfindet, hat diesen Effekt. Positiv-Stress kann zu Leistungen beflügeln und ermöglicht Erfolgserlebnisse.

Was nun Negativ-Stress ist, bewertet jeder anders. Ist es Lärm, ist es ein bestimmter Fahrstil oder die seltsame Angewohnheit des Kollegen? Erst die individuelle Bewertung eines

Reizes – oder der Summe mehrerer Reize – führt zu der Sichtweise „Ich bin im Stress."

Im Berufsleben allerdings erleben viele Menschen ein und denselben Faktor als Stressauslöser: die zunehmende Fremdbestimmung. Sie haben die Kontrolle über ihre eigene Zeit verloren. Da so auch die Freiräume fehlen, über ihre Situation nachzudenken und sie zu ändern, entsteht ein Teufelskreis, der meist nur durch drastische Schritte zu unterbrechen ist. Was aber kann man tun gegen die Stressoren?

Man kann sie benennen und durch Verhaltens- oder Haltungsänderung die Kontrolle über sie zurückgewinnen. Hierzu finden Sie ausführliche Anregungen im TaschenGuide „Stress ade". An dieser Stelle sollen ein paar Einsteiger-Tipps genügen.

Check: Welche Stressoren wollen Sie loswerden?

- Angenommen, Sie könnten Ihren Stress portionsweise loswerden, wie viel sollte es sein? Ein oder zwei Drittel oder alles?
- Wie viel davon hätte mit Ihrer Arbeit zu tun, wie viel mit Ihrem sonstigen Alltag?
- Was genau löst Stress bei Ihnen aus? Machen Sie eine Liste der Stressoren und Ihrer Reaktionen darauf.
- Was an diesen Stressoren lässt sich mindern, indem Sie Ihre Haltung ändern, z. B. bestimmte Reize „leichter" nehmen?
- Was an diesen Stressoren lässt sich mindern, indem Sie

  ... Ihr Zeitmanagement verändern?

  ... mehr delegieren?

  ... Entspannungsformen erlernen oder mehr Sport machen?

  ... bestimmte „Stressangebote" ablehnen oder neu verhandeln?

  ... Ihren Arbeitsstil ändern oder den Job wechseln?

Vielleicht haben Sie gerade herausgefunden, dass Ihr Hauptstressor berufsbedingt ist und überwiegend außerhalb Ihres Einflussbereichs liegt. Dann ist Downshifting eine gute Idee.

Auf alle Fälle krisenerprobt

Problemlöser sind in der Wirtschaft gern gesehen. Sie haben für das passende Problem die passenden Prozesse parat. Heraus kommt eine „Lösung", die vielleicht neue Probleme aufwirft, vielleicht auch nicht. Für unsere individuelle Krisenbewältigung ist so ein technokratisches Vorgehen weniger hilfreich. Denn es blendet einen ganz elementaren Faktor aus: Gefühle. Sie gelten als „unberechenbar" und schwer zu steuern, daher ignoriert man sie in der Geschäftswelt gern. Im richtig echten Leben aber kommen sie vor, erst recht, wenn unwillkommene Ereignisse sie auslösen: Kündigungen, Unfälle, Todesfälle, Krankheiten, seelische Nöte.

Beispiel

Andrea S., Teamleiterin Marketing, Ende 30: „Ganz schlimm war die lange Ungewissheit. Allen war klar, unser Standort steht auf der Kippe, aber man hielt uns hin. Das endgültige Aus war dann aber doch ein herber Schlag. Ich habe zuhause stundenlang bewegungslos im Sessel gesessen, wie betäubt. Konnte keinen klaren Gedanken fassen. Immer wieder hab ich mich gefragt: "Wieso ich?"

Manche Krisen sieht man kommen, andere sind plötzlich da. Man fühlt sich ihnen gegenüber hilflos, fassungslos, mutlos. Mit diesen Gefühlen ist man erst einmal allein. Erfolge werden gefeiert, bringen Anerkennung. Mit Scheitern, Trauer und Angst aber will ungern ein anderer zu tun haben: Das ist Privatsache.

Kennen Sie Ihr Phönix-Gen?

Was tun, um aus diesem Gefühl der Lähmung rauszukommen? Das Zauberwort der Psychologen dazu heißt „Resilienz". Es bezeichnet die besondere Gabe, am Scheitern nicht zu scheitern: Stehaufmännchen sein, wie Phönix aus der Asche steigen. Oder technisch gesagt: die Toleranz eines Systems gegenüber Störungen, also die Fähigkeit, sich wieder in einen ausgeglichenen Grundzustand zu bringen. Wir alle kennen beeindruckende Beispiele von Menschen, die unglaubliche Lebenskrisen meisterten.

Gibt es ein Geheimrezept dafür?

Ja und nein. Es ist kein Lernstoff für Management-Seminare, aber die Lebenspraxis hält etliche Lektionen bereit. Kleine gemeisterte Rückschläge trainieren den Lerneffekt, bereiten uns vor auf die echten Herausforderungen. Ganz wichtig dabei: Sich helfen lassen können. Nicht zu „stolz" sein, um Hilfe anzunehmen. Denn allein zieht man sich selten aus dem Schlammassel, selbst wenn das Gefühl der Einsamkeit anfangs überwältigend ist. Für fast alle Krisengebiete im Leben gibt es mittlerweile Experten, und für die seelische Unterstützung gibt es auch welche, wie schon die Beatles wussten: „I get by with a little help from my friends", wobei die Freunde auch Familienangehörige oder der Partner sein können.

Phasen der Krisenbewältigung

Die eigentliche Krisenbewältigung durchläuft immer ähnliche Stadien:

Schritt für Schritt: Krisen bewältigen

1. **Suchen Sie sich Unterstützer.**
2. **Erstellen Sie gemeinsam eine Schadensbilanz:** Wie kam es dazu? Fragen Sie sich, welchen Anteil Sie an der Misere haben und was davon zum normalen menschlichen Krisenpensum gehört, also nicht steuerbar war.
3. **Perspektivwechsel „Abstand":** Wenn Sie Distanz zu Ihrer Krise hätten, was würden Sie sich raten? Wie sieht Ihre Situation aus, von außen betrachtet?
4. **Perspektivwechsel „konkrete Schritte":** Was muss getan werden, um aus der Krise zu kommen? Worauf müssen Sie künftig verzichten? Was brauchen Sie, um weitermachen zu können? Wie kommen Sie wieder in Bewegung? Was macht Ihnen Mut, was konnten Sie immer schon gut? Worüber können Sie sich tagtäglich freuen?
5. **Perspektivwechsel „Rückblick":** Warum war diese Erfahrung gut für Sie? Welche Erkenntnisse hat sie Ihnen gebracht? Was wird sie Ihnen noch in zehn Jahren bringen?

Mit dem Bauchgefühl aus diesen Erfahrungen können wir auch an die großen Krisen herangehen: Ich weiß, selbst davon lasse ich mich nicht unterkriegen. Ich habe das Phönix-Gen!

Es ist aber nicht nur diese Mischung aus Urvertrauen in die eigene Überlebenskunst und – wie Sie bereits im Kapitel über die Sinnsuche gelesen haben – Bejahung des Unabänderlichen. Menschen, die einen Schiffbruch erlitten und bewältigt haben, geben diesem Wendepunkt einen besonderen Sinn. Sie sagen im Rückblick, er hat sie gestärkt oder weitergebracht oder beides. Eigentlich kann sich also jeder glücklich schätzen, der so eine Lebenslektion erfährt. Nur durch dieses Selbsterfahrungsprogramm lernt man die eigenen Grenzen kennen und zugleich Wege, damit klarzukommen.

Genau diese Fähigkeit brauchen Sie zum Downshiften. Denn der Rückzug auf Ihre eigenen Werte kann Sie mit ungeahnten Herausforderungen konfrontieren. Die folgenden Fragen bringen Sie auf die Fährte Ihrer Lebenskunst.

Check: Reflexionen zu Ihrer Lebenskunst

- Welche Krisen gab es bisher in meinem Leben?
- Welchen Anteil hatte ich daran?
- Was hat mir am meisten geholfen?
- Welche Erkenntnisse habe ich aus diesen Krisen gewonnen?
- Worauf kann ich auch in Zukunft bauen/vertrauen?

Auf einen Blick: Welches Motiv treibt Sie an?

- Seit Urzeiten suchen Menschen nach Sinn. Jeder ist dabei selbst gefragt, für sein Leben Sinn herzustellen.
- Sinn entsteht auch durch Übersichtlichkeit. Deshalb lohnt es sich, die Felder der eigenen Sinnsuche einzugrenzen.
- Erschöpfung hat viele Ursachen. Um ihnen auf den Grund zu kommen, brauchen Sie Zeit.
- Typische Anzeichen für Arbeitssucht sind Perfektionismus, Tunnelblick mit schwindender Urteilskraft und ein fehlendes Privatleben.
- Egal, wie man es nennt: Burn-out oder Erschöpfungssyndrom – es ist das letzte Signal Ihres Körpers, die Selbstausbeutung zu beenden.
- Wenn Sie zu erschöpft sind, sollten Sie das Downshifting-Programm erst mal vertagen und sich auskurieren.
- Eine Hauptvoraussetzung für das Downshifting: die Fähigkeit, mit Krisen umzugehen und wieder aufzustehen.

Was Sie zum Runterschalten brauchen

Mit dem Downshiften ist es wie mit allen neuen Wegen, die man einschlägt: Vorher sollte man sich darüber klar werden, wie man für das Vorhaben gerüstet ist.

In diesem Kapitel lesen Sie,

- warum Sie Zeit und Abstand brauchen,
- weshalb Unterstützer so wichtig sind,
- wie wichtig das Steuern, Driften und Entscheiden ist,
- welcher Persönlichkeits-Proviant nützlich ist.

Zunächst: Zeit und Abstand gewinnen

„Keine Zeit!", diesen Klageruf hört man häufig. Zweifellos gehört der gefühlte Zeitmangel zum Selbstverständnis unserer Gegenwart. Genauer gesagt ist es eher ungenutzte Zeit, die fehlt. Zeit, die einfach da ist und scheinbar zweckfrei verbummelt werden darf. Gemeinhin nennt man so etwas eine Pause – ein Zwischenraum zwischen zwei Aktivitäten oder Zuständen. Da darf man gedanklich abdriften, träumen oder einfach nur entspannt im Hier und Jetzt sein.

Warum Pausen so wichtig sind

Der Zauber der Pause liegt darin, dass sie uns etwas bringt, ohne dass wir vermeintlich etwas dafür tun: Sie bringt Entspannung, neue Ideen, erholt unseren Geist und stärkt durch freies Assoziieren unsere Urteilskraft. Um genau diesen „versteckten Nutzen" geht es in der Vorbereitungsphase für das Downshiften. Denn dafür brauchen Sie frische Ideen und einen neuen Zugang zu Ihren Bedürfnissen. Den werden Sie nicht finden, indem Sie weitermachen wie bisher.

Zeit für sich und Abstand – eins ergibt sich aus dem anderen. Sie kennen sicher das Sprichwort: „den Wald vor lauter Bäumen nicht sehen". Natürlich wissen wir, dass viele Bäume einen Wald ergeben – aber richtig sehen können wir ihn nur von ferne. Wenn möglich, nehmen Sie sich also erst mal eine Auszeit oder einen Urlaub. Manche Downshifter bekommen diesen Abstand auch ärztlich verordnet, wenn sie krank werden. Das ist, wie wir später noch genauer sehen werden, leider häufig der Fall: Menschen in der Tretmühle neigen dazu, ihre Leistungsgrenzen zu überschreiten. Gefühlte Warnsignale werden überhört – es muss ja weitergehen. Wenn die Selbststeuerung derart außer Kraft ist, stellt der Körper irgendwann die Verbindung zwischen Kopf und Gefühl wieder her – durch eine Krankheit etwa. Dann ist auch der fehlende Abstand zur Arbeit plötzlich da. Dabei hätte man das einfacher haben können – die Zauberformel heißt: Rechtzeitig Abstand schaffen!

Wie bekommt man Abstand? Indem man sich von allen den Alltag bestimmenden Faktoren eine Zeitlang trennt und sich in ein anderes Umfeld begibt: Tapetenwechsel! Manche gehen ins Kloster oder auf den Jakobsweg. Für andere tut's auch ein längerer Urlaub oder mehrere kleine Urlaube ohne Rundumprogramm.

Verschaffen Sie sich also Zeit für sich. Dieser TaschenGuide kommt zwar kurz und knackig daher und es geht schnell, ihn zu lesen. Das Downshiften aber ist eine Kursänderung, die in die Tiefe geht. Sie darf reifen. Zeit ist mithin genau die Einstiegsinvestition, die Sie brauchen.

> Nehmen Sie sich für das Runterschalten unbedingt eine längere schöpferische Pause: Erst aus der Entspannung können neue Impulse kommen.

Mit Feen zu neuen Ideen

Nehmen Sie Abstand und betrachten Sie Ihre gegenwärtige Arbeitssituation mal von ferne. So können Sie erkennen, was daran wertvoll ist und was nicht. Dafür brauchen Sie mehr

Zeit als ein Wochenende. Wie viel, das ist für jeden Menschen unterschiedlich und vorher schwer zu sagen. Vielleicht reichen auch mehrere kleinere Pausen, das kommt auf Sie an. Erzwingen lässt sich die neue Idee, das neue Selbstverständnis jedenfalls nicht. Am besten, Sie gönnen sich diese zweckfreien Ruhepausen und schauen, welche „Eingebungen" Sie haben. Diese Empfindungen und Ideen sind nämlich beim normalen täglichen Funktionieren eher selten. Ein besonderer Impuls für Ihre Vorstellungskraft ist die Feenfrage.

Reflexionsübung: Die Feenfrage

Machen Sie eine Schaffenspause und stellen Sie dann entspannt und mit genug Abstand die Feenfrage:

- Angenommen, eine Fee käme und würde für Sie zaubern, dass morgen alles anders wäre. Wie wäre es dann?
- Notieren Sie sich die Ergebnisse dieser Selbstbefragung. Sie enthalten wichtige Hinweise für die Richtung, in die Ihr Downshifting gehen kann.

Zugegeben, die gute Fee wird vermutlich nicht kommen, um für Sie zu zaubern. Aber ein Kern Wahrheit und ein Kern Realisierbarkeit wird in Ihrem Wunsch stecken: Wichtige Bedürfnisse oder schlummernde Talente, die im Alltag zu kurz kommen. Die Feenfrage öffnet Ihr Denken und Fühlen für das bisher Ungedachte und Unmögliche. Nehmen Sie den Kern Ihres Wunsches und kommen Sie auf ihn zurück, wenn es später um die Reise zum Ziel geht.

> Erlauben Sie sich, das Ungedachte zu denken. Geben Sie sich auch jenseits der Feenfrage dem Gedankenspiel hin: „Was wäre, wenn ... ?". Bewahren Sie die daraus gewonnenen Ideen auf.

Damit Ihre Pause – mit durchaus längerer Dauer – eine Pause bleibt, sollten Sie freilich auch auf ihre Begrenztheit achten. Erst das Schwingen zwischen Nichtstun und Tun ermöglicht das Ernten von Ideen, das hier wünschenswert ist. Eine dauerhafte Temporeduktion, ewiges Dolcefarniente, ist eher unproduktiv. Man sollte auch mal wieder hochschalten können.

Dringend gesucht: Rückenwind von Unterstützern

Der Schuss kann ganz schnell nach hinten los gehen, wenn Sie nicht sicher stellen, dass Sie die Menschen an Ihrer Seite haben, die Ihnen wichtig sind.

Beispiel

Markus B. hatte sich mit einer Fahrschule erfolgreich selbstständig gemacht. Der Laden war seit zehn Jahren gut etabliert. Seine Frau, im Hauptjob Controllerin in einem großen Unternehmen, machte die Buchhaltung und hatte Aufbauhilfe geleistet. Markus B. wurde zunehmend unzufriedener mit seinem Job. „Den ganzen Tag sitzen und die immer dümmer und unsozialer werdenden Fahrschüler und sonstigen Besserwisser im Straßenverkehr aushalten, das nagt an meinen Nerven. Ich werde immer dicker, aus Frust." Er wollte „den Laden verkaufen" und sich eine Anstellung suchen. Aber er hatte die Rechnung ohne seine Frau gemacht: Sie hatte Angst vor der Veränderung und drohte mit der Trennung. Aus der Traum für Markus B.

Wenn Sie vorhaben, etwas zu ändern, beziehen Sie Ihre Lieben und Freunde in Ihre Pläne ein. Sie werden schnell merken, dass sich hierbei möglicherweise die Spreu vom Weizen trennt: Einige werden Ihre neuen Ideen nicht mittragen wollen. Denn der angekündigte Kurswechsel birgt aus dem Blickwinkel anderer ein nicht zu unterschätzendes Gefahrenpotenzial: Er kann als Angriff auf bestehende bzw. gemeinsame Werte aufgefasst werden. Macht nichts, sagen andere. Wenn es dir damit gut geht, bin ich an deiner Seite. Mit dieser Art Rückenwind können Sie an die Startlinie fürs Downshiften gehen.

> Überrumpeln Sie Freunde, Partner und Familie nicht mit Ihren Plänen – beziehen Sie sie mit ein. Holen Sie sich ein paar feste Beziehungsanker für Ihren neuen Kurs.

Machen Sie Ihren inneren Navigator fit

Wie erreicht man ein Ziel? Indem man es anpeilt und gerade darauf los steuert. Was aber, wenn man das Ziel noch gar nicht kennt? Da kommt eine Selbststeuerungsbewegung ins Spiel, die von klassischen Karriereberatern gern ausgeklammert wird: das Driften. Nach Ansicht dieser Rezeptemacher hat man immer und unter allen Umständen im Leben klare Ziele vor Augen zu haben. Diese Sichtweise blendet aus, dass es auch Lebenslagen gibt, bei denen gar nichts anderes möglich oder ratsam ist als Driften:

- Phasen innerer oder äußerer Unsicherheit etwa oder
- Lebenszeiten, in denen andere Prioritäten als das Erreichen beruflicher Ziele schwerer wiegen.

Mal als Polarforscher, mal als Eisbär

Was ist in diesem Zusammenhang unter „Driften" zu verstehen? Es kommt in zwei Formen vor: das vom inneren Steuermann gewollte (siehe den nächsten Abschnitt „Navigieren") und das ungewollte.

Kontrolliertes Driften

Lässt Ihr Steuermann Sie kontrolliert driften, dann überlassen Sie sich wachen Auges für eine bestimmte Zeitspanne den äußeren Gegebenheiten: Sie bleiben zum Beispiel an ein und derselben Arbeitsstelle und beobachten, was da so von überall her auf Sie zu treibt. Beim Driften können Sie nämlich – anders als beim Geradeaussteuern, wo Sie auf so etwas gar nicht achten – alles aufnehmen, was aus verschiedensten Richtungen zu Ihnen gelangt. Und Sie sparen Energie dabei!

Beispiel

Die Geschichte des Polarforschers Fridtjof Nansen illustriert diese Art des Driftens ganz wunderbar. Auf dem eigens dafür konstruierten Schiff „Fram" setzte er sich und seine Mannschaft 1893 bis 1896 der Eisdrift, also der natürlichen Bewegung des Treibeises, aus, um zum Nordpol zu gelangen. Er driftete also nicht nur im hier gemeinten übertragenen Sinn, sondern real. Den Nordpol erreichte er so zwar nicht, aber er kam mit einer Fülle von neuen Erkenntnissen von dieser Expedition zurück und wurde hochgeehrt.

Unbewusstes Driften

Die andere Art des Driftens ist die unbewusste. Da fällt uns erst im Nachhinein auf, dass wir eine Zeitlang ohne viel Kontrolle im Strom mitgeschwommen sind. Um im Polarbild zu bleiben, wäre da ein Eisbär vorstellbar, der auf einer Eisscholle einschläft und nach einiger Zeit irgendwo landet.

Manche kommen mit diesem unbewussten Driften sehr weit: Sie treffen immer die passenden Kontakte, die ihnen zur passenden Zeit eine bessere Position anbieten. Wer eine Weile so durchs Leben treibt, findet es meist ausgesprochen schwer, seinen Steuermann mal wieder zu wecken und aktiv Entscheidungen zu treffen. Bisher klappte es ja auch ohne, und so richtig Vertrauen ins eigene Steuern hat man dann nicht. Dazu kommt, dass sich diese Art des Driftens durchaus verselbstständigen kann: So ein Dauer-Drifter verliert sich dann möglicherweise in Antriebslosigkeit.

Die wahre Kunst des Selbststeuerns liegt also in einem gelungenen Mix aus beidem, Steuern und Driften. Ihr innerer Steuermann sollte erkennen können, wann welche Steuerbewegung zu den äußeren Gegebenheiten passt.

Navigieren

In Zeiten von Navigationssystemen im Auto hat man das Steuern an den Bordcomputer delegiert. Wozu sich anstrengen mit solchen Orientierungsfragen? Bei der eigenen Lebensführung ist das anders. Navigieren bedeutet hier, das Ziel selbst zu bestimmen und anzusteuern. Dazu brauchen wir einen „inneren Navigator". Er steuert uns nicht nur zu Lebens-, Jahres- oder Tageszielen, sondern auch durch unsere momentanen Stimmungen, Launen und Motivationslöcher. Je nachdem, wie stark er ist, wird er an inneren Neigungen, die er für nicht zielführend hält, vorbeisteuern. Diese Selbststeuerungsform braucht viel Aufmerksamkeit und Energie. Aber ein guter innerer Navigator ist viel wert. Er kann nämlich erkennen, wann es sinnvoll ist, den seelischen Driftbestrebungen Raum zu geben, um zu neuen Ideen zu gelangen oder um sich zu erholen. Oder wann es sinnvoll ist, innerlich auf Kurs zu bleiben und nicht abzuschweifen.

> Steuern kostet Konzentration und Kraft. Es ist eine von mehreren Möglichkeiten, zum Ziel zu kommen. Ein guter innerer Navigator weiß, wann Steuern angebracht ist und wann nicht.

Wie stark ist Ihr innerer Navigator?

Wie verhält es sich in Ihrem Leben mit dem Driften und Steuern? Können Sie beides oder neigen Sie eher zu einem von beidem? Was liegt Ihnen am meisten und womit waren Sie am erfolgreichsten? Was war besser fürs Privatleben? Um sich darüber klarzuwerden, blicken Sie einmal nach dem folgenden Schema zurück.

Check: Gesteuert oder gedriftet?

Von ... bis ...	Gesteuert	Bewusst gedriftet	Unkontrolliert gedriftet

Wie Sie sich für Entscheidungen rüsten

Wir erinnern uns: Wer runterschaltet, will unter anderem wegkommen von zu starker Fremdbestimmung und hin zu mehr selbstbestimmtem Handeln. Es ist eine bewusste Entscheidung, die am Anfang dieses Wegs steht und die viele weitere Entscheidungen zur Folge hat.

Entscheidungen treffen zu können, ist also eine Top-Kompetenz des Downshifters. Nicht von ungefähr schließt sich dieses Kapitel an das Steuern und Driften an – beide Selbststeuerungsformen haben mit Entscheiden und Entscheiden fürs Nicht-Entscheiden zu tun. Schade, dass diese Kompetenz im Laufe unseres Lebens jedoch nicht gerade gefördert wird: Hat man erst mal einen bestimmten Berufsweg eingeschlagen, verlaufen viele weitere Weichenstellungen „automatisch". In Unternehmen gibt es dann sog. „Best-Practice-Prozesse", eingefahrene Entscheidungspfade, die einzelnen Managern Verantwortung abnehmen. Und noch ein Indiz aus der Alltagswelt: Beim Autofahren wird dem Fahrer durch allerlei elektronische Helferlein – Navigationssystem, ESP, Einparkhilfen, Bremsassistenten, Müdigkeitssensoren usw. – immer mehr Verantwortung abgenommen. Vermutlich wird bald der Satz „... aber mein Navi hat gesagt ..." zur Allzweck-Entschuldigung für Fehler aller Art.

Entscheiden heißt etwas riskieren

Jede Entscheidung birgt die Gefahr fehlzuschlagen. Erst im Nachhinein wissen wir, ob sie richtig war. Aber auch, auf automatisierte Entscheidungen („Navi") zu vertrauen oder zu Driften bzw. nicht zu entscheiden, ist eine Entscheidung.

Eine Entscheidung für etwas ist gleichzeitig eine Entscheidung gegen tausend andere Möglichkeiten. Und auch das zeigt die Erfahrung: Menschen, die sich eine kindliche Ader bewahrt haben, überlassen das Entscheiden gern anderen. Entscheiden wird von ihnen nämlich als Last empfunden und Nicht-Entscheiden als Entlastung. Die Verantwortung tragen andere. Man kann weiterspielen und meinen, noch alle Bälle in der Luft bzw. noch alle Türen offen zu haben. Das Dumme ist nur: Je älter wir werden, desto mehr Türen schließen sich, ganz automatisch. Manche Karriereziele sind irgendwann nicht mehr erreichbar. Man wird wählerischer und verschrobener, die private Kompatibilität nimmt ab, der Traumpartner bleibt ein Traum. Überhaupt, wir altern. Mit 50 oder danach stehen andere Entscheidungen an als mit 20.

> Auch nicht zu entscheiden, ist eine Entscheidung, deren Konsequenzen wir zu tragen haben.

Sind Sie Bauch- oder Kopfentscheider?

Hätten Sie es gedacht: Die Bauchentscheidung ist gegenüber der Kopfentscheidung die tragfähigere. Sicher überraschend für all jene, die das „moralische Algebra" nach Benjamin Franklin für ideal halten: Man macht eine Pro und Contra-Liste und entscheidet sich dann für die Option mit den meisten Pro-Punkten. Diese Methode hat jedoch mindestens zwei blinde Flecken. Erstens wird vorausgesetzt, dass man alle Faktoren, die für die Entscheidung wichtig sind, kennt. Zweitens werden Gefühle und Intuitionen als irrelevant angesehen. Genau die melden sich aber ziemlich schnell, wenn eine Entscheidung falsch war: Der gerade angenommene Job „stimmt irgendwie doch nicht" oder die Sehnsucht nach einer Trennung ist kaum auszuhalten.

Gerd Gigerenzer, Psychologe am Berliner Max Planck-Institut, hält es nach jahrzehntelangem Forschen für erwiesen, dass die Bauchentscheidung die klügere ist. Denn unsere Intelligenz hat sich im Laufe der Evolution an die menschlichen Entscheidungserfordernisse angepasst. Sie spart Energien, indem sie sich auf unbewusste Erfahrungswerte verlässt. Gigerenzer belegt das mit Entscheidertypen, die in der Forschung „Maximizer" und „Satisficer" genannt werden.

- Ein Maximierer strebt nach der perfekten Entscheidung, egal, ob das ein Traumjob oder ein Traumpartner ist. Allerdings bleibt die Auswahl, die er hat, immer hinter seinen hohen Erwartungen zurück. Er wird deshalb weiter suchen und immer seltener zu einem für ihn brauchbaren Ergebnis kommen. Am Ende ist er kaum mehr in der Lage, auch nur

Entscheidungen von kleinster Tragweite zu treffen, weil er schon voraussetzt, dass auch sie fehlschlagen.

- Ganz anders der Satisficer: Er geht nicht von einer optimalen, sondern von einer zufriedenstellenden Entscheidung aus. Bevor er entscheidet, wägt er die Güter „Zeit- und Energieinvestition" und „ absehbares Ergebnis" ab. Die einmal gemachte Entscheidung akzeptiert er. Anders als Maximierer erreichen Satisficer mit diesem kompromissfähigen Entscheiden in ihrem Leben erwiesenermaßen mehr Optimismus, Selbstachtung und Zufriedenheit. Sie sind die wahren Lebenskünstler.

Check: Sind Sie Maximierer oder Satisficer?

▪ Streben Sie stets nach einer optimalen, perfekten Lösung?	
▪ Hadern Sie im Rückblick oft mit getroffenen Entscheidungen?	
▪ Sind Sie eher unzufrieden mit dem, was Sie bisher erreicht haben?	
▪ Glauben Sie bei allem, was Sie tun, es geht auch besser?	
▪ Haben Sie „Null Toleranz" gegenüber eigenen Fehlern?	
▪ Finden Sie, dass Entscheiden überhaupt ein schwieriges Thema ist?	

Wenn Sie alle diese Fragen mit „Ja" beantworten, haben Sie eine starke Tendenz zum Maximierer. Sie sollten dann, bevor Sie mit dem Downshifting beginnen, erst einmal Ihren Perfektionsanspruch runterschalten. Wenn Ihr Downshifting gelingen soll, sollte es sich an erreichbaren Zielen orientieren, nicht an optimalen. Das Glück des Downshifters liegt im Zufriedensein, nicht im Perfektsein.

Inventur: Ihre Stärken und Schwächen, Ihr Ballast

Mit welcher Grundausstattung gehen Sie an die Startlinie fürs Downshifting? Eine wichtige Voraussetzung ist zu wissen, wer man eigentlich ist. Um dies herauszufinden, fangen wir mit einem Blick auf Ihre beruflichen Werte an. Sie sind es, die Ihre Entscheidung für eine Kursänderung prägen und bestimmen, in welche Richtung es gehen soll.

> Wichtig für das Downshifting ist, sich selbst gut zu kennen, also sowohl die eigenen Möglichkeiten als auch eigene Grenzen.

Meine beruflichen Werte

Nutzen Sie die folgenden Fragen, um ein Profil Ihrer Wunschtätigkeit zu erstellen – ähnlich wie es ein Personaler bei einem Tätigkeitsprofil für eine Stellung macht.

Check: Welche beruflichen Werte sind mir wichtig?

- Wie viel Gestaltungsfreiraum brauche ich? (in Prozent)
- Welche Lebensziele will ich mit meiner Tätigkeit erreichen?
- Wie viel Kreativität (in Prozent) soll in die Tätigkeit einfließen?
- Sollen bisher ungenutzte Fähigkeiten (wieder) zum Zug kommen?
- Welche Jobinhalte mache ich gern, womit bin ich erfolgreich?
- Welche Jobinhalte brauche ich nicht?
- Welches Arbeitstempo/welchen Arbeitsstil (Delegieren, Kontrollieren, Selbstregeln, Multitasking, sequenzielles Arbeiten, Führen, Teamarbeit, Reisen, konstantes Umfeld etc.) brauche ich?
- Welche Stressoren will ich unbedingt ausschließen?
- Wie soll mein Arbeitsumfeld (Kaktus auf der Fensterbank, eigenes Büro, technische und personelle Ausstattung) aussehen?
- Was für eine Art Kollegen oder Chef wünsche ich mir?
- Welchen Organisationsgrad (groß, mittelständisch, klein) stelle ich mir vor?
- Kann ich mir auch eine Selbstständigkeit vorstellen?
- Welche Rahmenbedingungen (Gehalt, Boni, Ausstattung, Arbeitszeiten) brauche ich?
- Welche Entwicklungsmöglichkeiten brauche ich?

- Welche Sicherheiten (Rente, Versicherungen etc.) brauche ich?
- Welche Karriereziele will ich am Ende des Berufslebens erreicht haben?

Wenn Sie diese Fragen beantwortet haben, sollten Sie ein ziemlich genaues Profil einer für Sie passenden Tätigkeit haben. Sie können es als Beurteilungsgrundlage für einen Jobwechsel oder für eine noch zu entwickelnde Idee auf dem Weg in die Selbstständigkeit verwenden.

Mein Kompetenzprofil

Wer jahrelang im Hamsterrad gearbeitet hat, findet es meist schwierig, das eigene Können einzuschätzen. Der Erfahrungsschatz ist groß, aber was unter „Routine" gespeichert ist, gilt auch als selbstverständlich. Deshalb ist es nützlich, einmal Abstand von der Arbeit zu nehmen, sich selbst gewissermaßen von außen zu betrachten. Um eine Zwischenbilanz über Ihre Stärken und Schwächen zu ziehen, sollten Sie Ihre persönlichen und fachlichen Kompetenzen benennen. Wichtig für das Gelingen des Runterschaltens ist, wie Sie sich selbst sehen und mit welchem Selbstbild Sie gegenüber Kunden und geschäftlichen Kontakten auftreten.

Meine persönlichen Kompetenzen

Geben Sie sich bei jeder der unten genannten Eigenschaften maximal 3 Punkte – das entspricht höchster Kompetenz. Wenn Sie die Eigenschaft als eine Ihrer Schwächen sehen, geben Sie sich eine 0.

Check: Meine persönlichen Kompetenzen

Wie selbstständig bin ich?			
Selbstbewusst		Tolerant	
Verantwortungsbewusst für mich und andere		Zuverlässig	
Gut im Selbststeuern		Unerschrocken	
Ideenreich/Erfinderisch		Unabhängig	
Wie bin ich im Kontakt mit anderen?			
Anpassungsbereit		Fähig, mit Widerstand umzugehen	
Bereit, zuzuhören		Schriftlich überzeugend	
Kontaktfreudig		Kritikfähig in beide Richtungen	
Gern in Teams		Kompromissbereit	
Kooperationsbereit		Sensibel für die Bedürfnisse anderer	
Taktvoll		Humorvoll	
Geschickt in Verhandlungen		Konfliktfähig	
Mündlich überzeugend		Bereit, andere ausreden zu lassen	
Fähig, andere zu motivieren		Fähig, sich durchzusetzen	

Wie leistungs- und entscheidungsbereit bin ich?	
Entscheidungsfreudig	Risikobereit
Stresstauglich	Sicherheitsorientiert
Gut im Erreichen eigener Ziele	Gut im Selbststeuern
Geschickt im Repräsentieren	Lebensfroh
Unabhängig von anderen im Entscheidern	Erfolgsorientiert
Tatkräftig	Ausdauernd
Führungsstark	Ehrgeizig
Idealistisch	Initiativ
Gut im Driften	Bereit zur Identifikation mit Unternehmen
Fähig zur Delegation	Analytisch
Weitere Fähigkeiten für einen Kurswechsel	
Kostenbewusst	Mobil
Körperlich gesund	Finanziell flexibel
Unternehmerisch denkend	„Phönix-Gen": Seelisch ausgeglichen
Bereit für Neues	Realistisch in der Zielsetzung
Unterstützt durch Umfeld	Gut im Meistern von Krisen

Viele außerberufliche Interessen	Fähig, sich bei Bedarf Unterstützung zu holen
Fähig zur Improvisation	Fähig zur Selbstorganisation

Das Ergebnis: meine Kompetenzmatrix

Tragen Sie nun die oben bewerteten Eigenschaften in eine Tabelle nach dem folgenden Schema ein:

Eigenschaften mit 3 Punkten = hoch ausgeprägte Kompetenz	Eigenschaften mit 2 Punkten = mittel ausgeprägte Kompetenz	Eigenschaften mit 1 Punkt = gering ausgeprägte Kompetenz

Meine Fachkompetenzen

Was jetzt noch fehlt, sind Ihre Fachkompetenzen. Bekanntlich hat jeder Mensch andere. Hier kommt es also noch mehr als bei den Kernkompetenzen auf Sie selbst an, diese zu benennen. Zeugnisse und Zertifikate aus Weiterbildungen sind da übrigens eine gute Quelle, aber vergessen Sie auch nicht die Fähigkeiten, die Sie beruflich momentan nicht nutzen, die also nur bei Nebentätigkeiten, im Ehrenamt oder im Privatleben zum Zuge kommen. Die folgende Übersicht soll Sie dazu anregen, Ihr fachliches und praktisches Können festzuhalten.

Check: Mein fachliches und praktisches Können

- Methodenkompetenzen (z.B. analytisches Denken oder Projektmanagement)
- Produkt- oder branchenbezogenes Können
- Problemlösungskompetenzen (z.B. systematisches oder intuitives Vorgehen)
- Interdisziplinäres Denken (z.B. Segler, der meteorologische Kenntnisse für die Kursbestimmung umsetzt; Architekt, der seine Beraterkompetenz für den Umgang mit Kunden nutzt)
- Handwerkliche Fertigkeiten
- Künstlerische Fertigkeiten (z.B. Malen oder Musizieren)
- Fremdsprachen
- Erworbene fachliche Qualifikationen
- Erfolgreiche Projekte
- Fertigkeiten aus dem Privatleben/Hobbies

Portfolio-Check

Aber was von all dem werden Sie auch in Zukunft für Ihre neue Zielsetzung brauchen? Um das herauszufinden, werfen Sie noch mal einen Blick zurück auf Ihre privaten und beruflichen Errungenschaften, auf Ihr gesamtes Portfolio also. Dazu gehören außer der Kompetenzmatrix auch verlassene Pfade aus Ihrem Lebenslauf oder andere zusätzliche Qualifikationen. Fragen Sie sich, welche Teile aus dem Portfolio künftig wichtig sein sollen und welche nicht mehr gebraucht werden. Falls Sie Ihr Ziel noch nicht genau kennen, können Sie diese Übung auch noch etwas aufschieben. Falls Sie die Richtung aber schon kennen, können Sie so auch feststellen, ob vielleicht noch Qualifikationen fehlen. Fragen Sie sich weiter, wie viel Zeit, Geld und Energie Sie dafür brauchen werden und ob das den Aufwand lohnt. Die folgende Grafik gibt Ihnen einen Eindruck über den Aufwand einer Umorientierung in der Lebensmitte: Je weiter Sie sich von Ihrem zuletzt ausgeübten Beruf entfernen, desto mehr Zeit, Aufwand und Überzeugungskraft brauchen Sie für den neuen Weg.

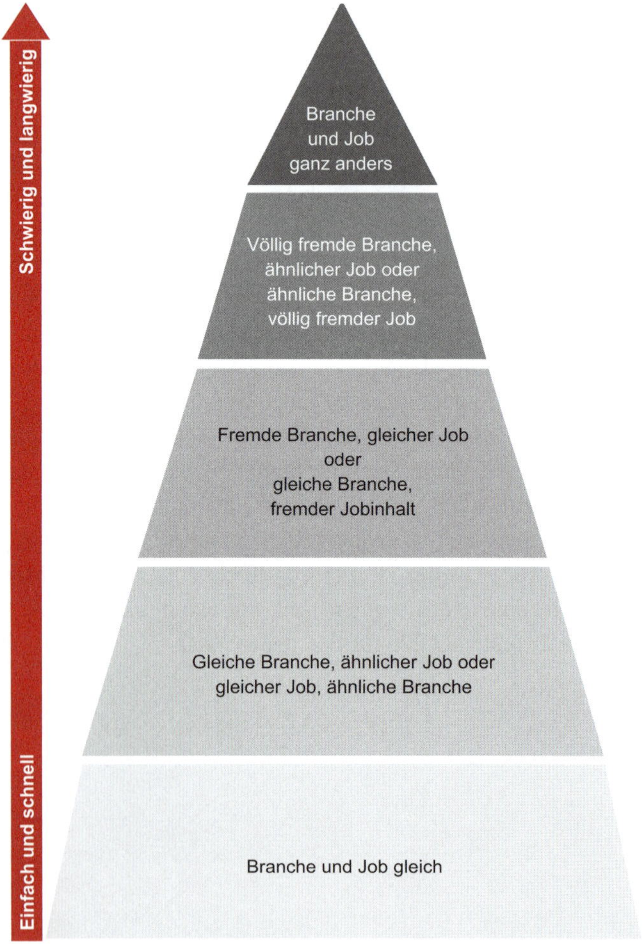

Neuorientierungspyramide

Stark: meine Schwächen

Viele Menschen meinen, Schwächen gehörten wegoperiert. So, wie man einen Schönheitsfehler beheben oder ein Auto reparieren lässt. Ein Downshifter denkt so nicht. Der Umgang mit den eigenen Schwächen ist die eigentliche Downshifter-Kür. Sie verläuft in drei Stadien:

1. Schwächen erkennen,
2. sie als „zur Ausrüstung gehörig" akzeptieren,
3. ihnen gelegentlich bewusst Raum geben.

Wir reden hier nicht von krankhaften Persönlichkeitsveränderungen, durch die man sich selbst oder anderen schadet. Mit Schwächen sind hier Eigenheiten und Schrullen gemeint, auf die man nicht wirklich stolz ist. Vielleicht ist es mangelndes Selbstbewusstsein oder Knausrigkeit oder ein Hang zum Übertreiben. Das Gute an all diesen sog. Schwächen ist, dass sie ihrem Besitzer durchaus auch nutzen. Vereinfacht gesagt: Menschen mit mangelndem Selbstbewusstsein sind zurückhaltend, schonen damit aber auch ihre Energiebilanz. Geizhälse schonen ihren Geldbeutel. Angeber erhalten viel Anerkennung von außen, stehen gern im Mittelpunkt.

Der alte Spruch, dass nichts so schlecht ist, als dass es nicht auch sein Gutes hätte, bestätigt sich also besonders im Umgang mit unseren Schwächen. Sie sind uns nicht irgendwie zugeflogen, wir haben sie in jahrelanger Hingabe entwickelt und großgezogen. Sie gehören zu uns. Wer versucht, sie zu unterdrücken, wird kläglich scheitern. Sie mucken dann auf wie trotzige Bälger und werden erst richtig lästig. Ein Downshifter kennt sie und pflegt sie, und gibt den ihnen zugrunde liegenden Bedürfnissen ausreichend Raum. Das heißt nicht, dass wir nicht an unseren Schwächen arbeiten könnten. Man kann lernen, selbstbewusster aufzutreten und gleichzeitig darauf achten, genug Ruhephasen für sich oder andere „Belohnungen“ für das veränderte Verhalten zu haben.

> Der Umgang mit den eigenen Schwächen ist die eigentliche Downshifter-Kür. Andere meinen, an ihnen zu scheitern und sie verbergen zu müssen. Der Downshifter integriert sie.

Übung: Schwächen, Schrullen, Macken

Für den Umgang mit Ihren Schwächen in Bezug auf Ihr Downshifting-Vorhaben können Sie sich die folgenden Fragen stellen.

Check: Meine Schwächen

- Welche Schwächen habe ich?
- Gibt es Schwächen, die mich am Gelingen meines Vorhabens hindern könnten?
- Was kann ich tun, um daran zu arbeiten?
- Wie kann ich mich für diese Arbeit an meinen Schwächen belohnen?
- Welchen Nutzen bringen mir meine Schwächen?
- Wie kann ich ihnen/bzw. den damit verbundenen Bedürfnissen genügend Raum geben?

Ballast loswerden, Brauchbares mitnehmen

Wir schleppen viel Ballast durchs Leben, der Veränderungen schwer macht. Vor allem das liebe Geld und finanzielle Verpflichtungen können uns schwer auf der Seele liegen. Nun gibt es darunter aber auch unnötige Verpflichtungen. Machen Sie sich daher in der Zeit der Vorbereitung auch ein paar Gedanken über mögliche „unnötige Lasten". Eine Leitidee für das Downshifting ist schließlich: Weniger ist mehr.

Beispiel

Marcus W., 45 Jahre alt, Anwalt und Partner in einer internationalen Kanzlei, verheiratet, zwei Kinder, Haus mit Garten, Swimmingpool. Er war häufig unterwegs und selten zuhause. Als Begründung gab er an: „Ich muss das tun. Meine Familie und meine Frau brauchen diesen Lebensstandard." Auf die Rückfrage, wann er zuletzt mit ihnen darüber gesprochen habe, antwortete er verblüfft: „Über so was reden wir nie!"

Wissen Sie schon, was Sie brauchen werden und was nicht? Ein Teil Ihres Ressourcenchecks bezieht sich auf Ihren finanziellen Status am Start zum Downshiften. Schaffen Sie sich mit den folgenden Fragen einen Überblick über Ihre finanzielle Situation und fragen Sie sich, was Sie einsparen können und was Sie wirklich brauchen.

Meine Finanzen

In einem ersten Schritt erfassen Sie Ihre monatlichen Einkünfte. Wie sieht Ihre Habenseite aktuell aus? Was wird künftig wegfallen bzw. weniger werden? Was bleibt?

Übersicht: Meine monatlichen Einnahmen in EUR		
	Jetzt	Künftig
Einkommen		
Zahlungen von Dritten (Unterhalt, Pflege etc.)		
Kredite		
Zinseinkünfte		
Andere erwartbare Einkünfte/Rente		
Derzeitige Summe		
Angestrebte Summe		

In einem zweiten Schritt betrachten Sie Ihre monatlichen Ausgaben. Wo gibt es am meisten Einsparpotenzial?

Übersicht: Meine monatlichen Ausgaben in EUR		
	Jetzt	Künftig
Miete, Hypothek		
Nebenkosten		
Mobilität (Auto, Monatskarten etc.)		
Internet, Telefon, Fernsehen		
Versicherungen		
Ausbildung, Weiterbildung		
Lebensmittel		
Urlaub, Freizeit, Kultur		
Kleidung		

Übersicht: Meine monatlichen Ausgaben in EUR		
Reparaturen		
Sonstiges		
Summe		
Angestrebte Summe		

Denken Sie auch darüber nach, welche Reserven (Abfindungen, Erspartes) Sie haben.

Übersicht: Meine Reserven in EUR	
Abfindungen	
Erspartes	
Erbschaft	
Sonstiges	
Summe	

Genug, um eine Anfangszeit mit weniger Einkünften zu überbrücken? Wie lange wird diese Überbrückung funktionieren? Möglicherweise können Sie sich auch bei der Verbraucherberatung nützliche Tipps für Ihre Budgetierung holen.

Geistige Lasten loslassen

Aber es gibt noch andere Arten von überschüssigen Lasten, die Sie besser loswerden: geistigen Ballast. Nehmen Sie die folgenden Fragen als Anregung, auch in dieser Hinsicht abzuspecken:

- Konsumieren Sie manchmal aus Frust oder als Ausgleich für Stress und Unzufriedenheit?
- Hängen Sie an bestimmten Dingen, die für Sie mit Erinnerungen verbunden sind? Was wäre, wenn Sie sich von manchen davon trennten?
- Hatten Sie bisher Glaubenssätze, die aus jetziger Sicht nicht mehr für Sie gelten?

Mit der letzten Frage sind hier sowohl allgemein-gesellschaftliche Urteile, wie „Mit 40 muss man es geschafft haben", als auch familiäre Leitsätze, wie „Die Martina ist schüchtern", gemeint, die Sie zeitweise übernommen, aber inzwischen als ungültig oder unnütz entlarvt haben.

Übung: Werfen Sie Ihren Ballast weg

Es kann ungemein befreiend sein, diese Ballast-Sätze tatsächlich aufzuschreiben, um einen Stein zu wickeln und in einem Gewässer zu versenken. Manchmal braucht man so ein Abschiedsritual, um gut sortiert nach vorn zu gehen ...

Auf einen Blick: Was Sie zum Runterschalten brauchen

- Stellen Sie sicher, dass Sie ausreichend Zeit, Abstand und die richtigen Unterstützer haben.
- Überprüfen Sie Ihre Selbststeuerungsfähigkeiten. Es ist wichtig, zum richtigen Zeitpunkt driften und steuern zu können.
- Sie sollten sich eine Reihe aktiver Entscheidungen zutrauen. Als Satisficer sind Sie dafür besser gerüstet.
- Ergründen Sie die Bereiche, in denen Sie erfolgreich sind, und stellen fest, was Ihnen beruflich wichtig ist.
- Lernen Sie Ihre Schwächen kennen und ziehen daraus neue Stärken.
- Überprüfen Sie Ihre finanziellen Möglichkeiten. Es ist beruhigend, den Anfangszeitraum überbrücken zu können.
- Finden Sie heraus, von welchem geistigen und welchem Konsumballast Sie sich trennen könnten.

Das neue Ziel finden

Gratulation! Sie haben inzwischen wichtige Fragen zur Vorbereitung auf Ihr Downshifting beantwortet. Eine Frage allerdings noch nicht: Was genau ist mein neues Ziel?

In diesem Kapitel lesen Sie,

- wie Sie mit Ihrem Bauchgefühl den neuen Kurs finden,
- warum Sie Stolperfallen nicht scheuen sollten,
- was Sie brauchen, um Ihre Ziele zu erreichen.

Mit dem Bauchgefühl zu neuen Zielen

Im vorigen Kapitel haben wir festgestellt, dass Ihr Bauch als Entscheider der richtige Ansprechpartner ist. Er weiß, mit welchen Entscheidungen es Ihnen gut gehen wird und er hat eine Ahnung, wie das neue Ziel aussehen könnte. Sie haben ihn ja auch schon mit der „Feenfrage“ konsultiert, deren Ergebnisse Sie notiert haben. Nun ist der Moment gekommen, diese Notizen wieder hervor zu holen und sich an Ihr Kernbedürfnis beim Runterschalten zu erinnern. Nehmen Sie dazu dann noch die Ergebnisse der nächsten Übung und Sie haben eine ziemlich deutliche Richtungsangabe auf Ihrem inneren Kompass.

Ihre Driftreise zum neuen Ziel

Der Schlüssel für den Zugang zu Ihrem Bauchgefühl ist das Driften. Sie brauchen dafür nicht viel, nur Ihre Vorstellungskraft und – wieder – Zeit und Entspannung. Machen Sie es sich also bequem, schließen Sie die Augen und gehen Sie auf eine innerliche Reise. Steuern Sie die Momente in Ihrem Leben an, in denen Sie sich besonders wohl gefühlt haben. Fragen Sie sich dazu:

- Wann hatte ich das Gefühl, unglaublich viel Energie zu haben und alles hinzukriegen?
- Woran hatte ich viel Spaß?
- Wann wurde ich gefeiert, was konnte ich besonders gut?

Wenn Sie wieder zurückkehren von Ihrer Driftreise, halten Sie die Ergebnisse fest. Gibt es da einen gemeinsamen Nenner für das, was Sie können und was Sie motiviert? Und was für ein Ergebnis zeigt sich, wenn Sie die Ergebnisse aus der Feenfrage hinzu addieren?

Beispiel

Markus W., 32 Jahre, IT-Berater, war verblüfft über die Ergebnisse seines Driftens. Sie zeigten einerseits seine Freude am Analytischen und Kommunikativen, andererseits die für das Forschen, das Versinken in wissenschaftlichen Welten. Am Ende seines Downshifting-Projekts hatte er alte Kontakte zu seiner Uni wieder aufgewärmt und eine Doktorandenstelle gefunden.

Finde ich meine Berufung?

Bitte erwarten Sie vom Driften nicht unbedingt etwas vollkommen Neues oder gar die Offenbarung einer Berufung. Je älter Sie werden, desto unwahrscheinlicher wird so eine heilbringende Erleuchtung. Was Ihnen Freude macht und Erfolg bringt, hat zu einem Teil mit erlernten Fertigkeiten zu tun, zu einem anderen Teil mit Talent. Sollte Ihr Ergebnis überwiegend mit angeborenen Fähigkeiten zusammenhängen, die bei Ihrem momentanen Job wenig zum Zug kommen, ist das ein starker Hinweis: Bauen Sie Ihre Talente auch beruflich aus, wenn das tragfähig ist. Wenn nicht, geben Sie ihnen im Privatleben mehr Raum.

Vertrauen Sie Ihrem Bauch, aber erwarten Sie nicht unbedingt eine Berufung von Ihrer Driftreise. So heilig ist sie nicht und nicht jeder will berufen sein. Falls aber doch, gehört das zu der Aufgabe, dem eigenen Leben Sinn zu geben. Niemand anderer als Sie selbst kann das.

Falls aber die Ergebnisse Ihrer Driftreise dahin tendieren, dass Sie teilweise schon ganz richtig in Ihrem Beruf sind, teils auch nicht, sollten Sie Ihren momentanen Arbeitsplatz genauer unter die Lupe nehmen.

Arbeitsplatz-Check: Bleiben oder gehen?

Sie sind unzufrieden und wissen nicht genau, warum. Hängt das mit Ihnen selbst zusammen – müssen Sie sich also ändern? Oder ist es Ihr Arbeitsplatz, der anfängt kontraproduktiv zu werden? Die anfängliche Begeisterung ist verschwunden, der tägliche Trott ist öde oder belastend oder gibt einfach nichts mehr her für Ihre weitere Entwicklung. Die folgenden Fragen sollten Ihnen dabei helfen, zu beurteilen, ob Sie besser bleiben oder besser gehen.

Check: Bleiben oder gehen?

	Ja	Nein
▪ Haben Sie in den vergangenen Jahren kaum Entwicklungschancen bekommen?		
▪ Haben Sie den Eindruck, dass Sie mehr investieren, als Sie zurück bekommen?		
▪ Meinen Sie, gemessen an Ihrer Leistung zu wenig Anerkennung zu bekommen?		
▪ Erleben Sie Probleme mit Vorgesetzten, für die es in absehbarer Zeit keine Lösung gibt?		

	Ja	Nein
▪ Erleben Sie Probleme mit Kollegen oder Kunden, für die es in absehbarer Zeit keine Lösung gibt?		
▪ Sehen Sie kaum mehr Sinn in dem, was Sie tun?		
▪ Finden Sie, dass Ihnen Status und Gehalt nicht mehr so wichtig sind?		
▪ Können Sie sich mit den Unternehmenszielen nicht mehr identifizieren?		
▪ Hätten Sie gern mehr selbstbestimmte Zeit?		

Die Auflösung ist einfach: Je mehr Fragen Sie mit Ja beantworten, desto empfehlenswerter wäre ein Stellenwechsel oder eine Umorientierung für Sie – immer vorausgesetzt, dass Sie kein „Burn-out-Betroffener" sind, denn dann müssten Sie sich erst auskurieren. Sollten Sie jedoch weniger als vier Fragen positiv beantworten, kann es auch sein, dass Sie momentan ein Motivationstief erleben. Vielleicht können Sie dann das Gespräch mit Ihren Vorgesetzten suchen, um bestimmte Parameter Ihrer Arbeit zu ändern. Oder Sie brauchen ein Sabbatical oder nur einen längeren Urlaub, um wieder mit frischem Mut ans Werk zu gehen.

Sie sind jetzt Ihrem neuen Ziel schon sehr nahe: Sie haben für sich geklärt, ob Sie fit sind für einen Kurswechsel, auch kennen Sie jetzt Ihre beruflichen Werte. Mit der Driftreise konnten Sie Ihre Erfolgsregionen finden und haben anschließend Ihren momentanen Arbeitsplatz überprüft. Jetzt stehen noch zwei Entscheidungen an:

- Wenn es angestellt weiter gehen soll, wohin dann und wie? Und wenn nicht, wäre die Selbstständigkeit eine Option?
- In jedem Fall sollten Sie aber zunächst die neuen Ziele auf ihre Realisierbarkeit überprüfen.

Ist der neue Weg gangbar?

Es gibt keine Garantie dafür, dass Sie sich „richtig" entscheiden – das werden Sie erst im Nachhinein herausfinden. Aber egal, ob Sie bereits eine Ahnung haben, wo es hingehen könnte oder eine Auswahl von mehreren Optionen: Sichern Sie die neuen Optionen weitestgehend mit den folgenden Fragen ab.

- **Ist das neue Ziel für mich erreichbar?** Habe ich alle Voraussetzungen, um das Ziel zu erreichen? Wie viel Zeit, Aufwand und finanzielle Mittel wird es kosten? Wenn ein Ziel zu hoch hängt, besteht die Gefahr, unterwegs aufzugeben. Vielleicht können Sie die Etappe bis dahin in Zwischenziele einteilen und sich für jeden erreichten Schritt belohnen? Mit welchen Hindernissen müssen Sie rechnen?
- **Ist die Zielerreichung zum Großteil unter meiner Kontrolle?** Oder gibt es zu viele unkalkulierbare äußere Faktoren, die Einfluss darauf hätten?
- **Kann ich mir die Zielerreichung bildlich vorstellen?** Können Sie einen inneren Film ablaufen lassen über die Situation, wenn Sie das Ziel erreichen? Wo und wie sehen Sie

sich da? Wie sieht dann Ihr Arbeitsplatz aus? Dieses Ausmalen der Zukunft ist deshalb so wichtig, weil es für Ihr gegenwärtiges Handeln Zugkraft haben wird.

- **Ist mein Ziel positiv formuliert?** Wenn in Ihrer Zielvorstellung eine Negation enthalten ist, könnte Ihr Vorhaben scheitern. Überlegen Sie selbst, welche Formulierung aussichtsreicher ist: „Ich denke nicht mehr an den Streit mit Kollegen" oder „Ich gestalte den Umgang mit meinen Kollegen besser."?
- **Woran erkennen Sie, dass Sie das Ziel erreicht haben?** Reichen dafür die hier festgehaltenen beruflichen Werte oder können Sie andere, eigene Kriterien dafür festlegen?
- **Stimmt das neue Ziel mit Ihren Leitwerten überein?** Können Sie auch in fünf bis zehn Jahren noch damit zufrieden sein?

> Setzen Sie sich erreichbare Ziele. Feiern Sie auch die Erreichung der Zwischenetappen.

Stolperfallen auf dem Weg zum Ziel

Sie sind schon fast startklar für das Downshifting. Sie hegen aber dennoch Zweifel, haben Bammel vor der Kursänderung oder scheuen das Risiko? Wenn Sie Ihr Leben bisher in „höchster Sicherheitsstufe" verbracht haben, sind diese Zweifel womöglich berechtigt. Dann ist das Runterschalten vermutlich wirklich nichts für Ihr banges Herz. Falls Sie durchaus schon mal in Ihrem Leben Risiken eingegangen sind, kann

Ihnen der Blick auf ein paar typische Hindernisse auf dem Weg zum neuen Ziel hoffentlich die letzten Bedenken nehmen.

Hindernis Nr. 1: Inkonsequenz

Sie haben es sich schon so oft vorgenommen, das Runterschalten, es will aber einfach nicht klappen. Immer wieder erwischen Sie sich dabei, doch zu wenig zu delegieren, doch zu viel zu arbeiten und dabei zu perfektionistisch zu sein. Im vertrauten Rahmen runterzuschalten, ist auch eine der größten Herausforderungen: Jeder kennt Sie als Arbeitsbiene, und Sie sich selbst auch! Wenn Sie immer wieder in das alte Muster zurückfallen, holen Sie sich einen Unterstützer. Vereinbaren Sie mit diesem Helfer von außen Ihre Verhaltensänderung in nachprüfbaren, kleinen Schritten. Feiern Sie das Erreichen dieser Zwischenziele.

Hindernis Nr. 2: Angst vor Unsicherheit

Sicherheitsempfinden ist relativ, aber auch in höchstem Grade subjektiv. Wir Deutsche sind dafür bekannt, dass wir eher risikoscheu sind. Wenn Sie z.B. trotz des zuvor empfohlenen Checks Ihrer finanziellen Situation noch daran zweifeln, ob Sie die Veränderung stemmen können, sind diese Zweifel vielleicht berechtigt. Sie werden das Ergebnis aber nicht erfahren, wenn Sie es nicht ausprobieren. Aber bevor Sie es ausprobieren, können Sie sich auch eine Notfallstrategie für das Eintreten des übelsten aller Fälle einfallen lassen. Dieser Plan B kann verhindern, dass Sie ins Bodenlose fallen, wenn Sie fallen, oder das Sie zumindest ruhiger schlafen können.

Hindernis Nr. 3: Angst vor Einsamkeit

Beim Runterschalten kann sich die Spreu vom Weizen trennen – nicht alle aus Ihrem Umfeld werden Ihr neues Selbstverständnis mittragen. Sie sollten dann schon in der Lage sein, auch mal mit sich allein klarzukommen. Aber genauso sollte es Ihnen nach dem Downshiften gelingen, neue Bindungen zu knüpfen, immer wieder auf Menschen zu zugehen.

Hindernis Nr. 4: Angst vor dem eigenen Mut

Beim Downshifting geht es darum, Neuland zu erkunden – Sie werden also Ihre bisherige Komfortzone verlassen und viel Neues lernen. Dafür brauchen Sie Mut, Offenheit und Selbstvertrauen – oder die Gewissheit, dass Sie Ihr Selbstbewusstsein in kleinen Schritten erweitern können. Möglicherweise haben Sie ja auch für diesen Probeparcours jemanden zur Seite, der Sie dabei unterstützt? Aber sicher wissen Sie selbst am besten, welche Bedingungen Sie brauchen, damit Ihre Neulanderkundung gelingt.

Hindernis Nr. 5: Passivität oder Aktionismus

Die Eroberung des Neulands fordert von Ihrem inneren Navigator die richtige Dosierung zwischen Driften und Steuern, zwischen Erholung und Tun, zwischen Passivität und Aktion. Nicht wenige Menschen verfallen in der Übergangsphase in blinden Aktionismus – sie wollen etwas tun, egal was. Da werden Bewerbungen im Zehnerpack verschickt, Messen besucht und so weiter und so fort. Das Tun gibt ihnen wieder einen Kick, andererseits betäubt es auch die Sinne. Die wirklich wichtige Konzentration auf das, was man braucht und ist, kommt so nicht zustande. Aber auch nicht durch absolutes Nichtstun. Manche fallen in eine tiefe Lähmung und betrachten die Welt nur noch im Liegen. Je länger der innere Navigator dieses Verhalten zulässt, desto tiefer führt es in die Misere. Wichtig ist es daher, die richtige Dosierung zu finden, mental und körperlich in Bewegung zu bleiben.

Hindernis Nr. 6: Angst vor Fehlern

Auch Fehler können zielführend sein – bekanntermaßen kann man ohne sie nicht lernen. Falls Sie ein Maximizer oder Perfektionist sind, der stets nach der optimalen Lösung sucht, ist das Runterschalten nichts für Sie. Es ist einfach immer und unter allen Umständen suboptimal.

> Angst ist in mancher Hinsicht ein guter Berater. Sie zeigt Ihnen, welche Hindernisse lauern, weil sie die Sinne schärft. Angst will überwunden werden – auch eine Herausforderung beim Downshiften.

Gut geplant ist halb das Ziel erreicht

Sie sind jetzt an dem Punkt angekommen, der von Ihnen den Einsatz einer Ihrer hier schon angesprochenen Ressourcen fordert: eine gute Selbststeuerung zum neuen Ziel. Diese Selbst-Navigationsfähigkeit können Sie stärken, indem Sie einen durchführbaren Entwicklungsplan aufstellen. Planen heißt reflektieren, heißt Bekanntes mit Neuem abgleichen.

Blicken Sie also noch mal zurück auf alle Erkenntnisse, die Sie bisher gewonnen haben, und blicken Sie gleichzeitig nach vorn. Die folgende Übung hilft Ihnen dabei.

Reflexionsübung: Mein Downshifting-Plan

Was ist meine momentane Situation?

- Wo stehe ich beruflich und sozial?
- Welchen Beitrag habe ich dazu geleistet? Was verdanke ich anderen?
- Welche Erfahrungen aus der Vergangenheit sind mir wichtig?
- Welche Wertvorstellungen habe ich? Welche Bindungen sind mir wichtig?
- Wie stehe ich gesundheitlich, seelisch und finanziell da?
- Welche Rollen spiele ich in diesem Leben, welche Rollen sind verzichtbar?

Wie möchte ich in Zukunft leben?

- Welche neuen Gebiete möchte ich mir erschließen, welches Wissen fehlt mir noch für die Kursänderung?
- Worauf kann ich verzichten, was brauche ich nicht mehr?
- Wie und was möchte ich arbeiten? Was wird für mich Sinn herstellen?
- Wie möchte ich meine Zeit gestalten?
- Wie kann ich den Weg dahin sinnvoll strukturieren? Welche Zwischenziele kann ich setzen? Wie kann ich Zwischenerfolge feiern?

- Wie kann ich meine Ausgeglichenheit im Auge behalten?
- Was möchte ich am Ende meiner neuen Tätigkeit erreicht haben?
- Was möchte ich am Ende meines Lebens erreicht haben?

An der Schwelle zum Neuen

Gerade in dieser Sekunde geschieht etwas: Sie haben den Übergang von einem Moment zum nächsten erlebt. Zugegeben, es ist ein alter Hut, dass unser Leben aus Übergängen besteht. Meistens bemerkt man sie auch nicht einmal. Es ist uns lieber, das Leben als kontinuierliche Entwicklung wahrzunehmen. Der Übergang als solcher ist nicht sonderlich beliebt – zu viel Unsicherheit scheint ihm anzuhaften. Schade eigentlich. Denn wegen dieses Unsicherheitsmakels verzichten wir auch allzu oft darauf, Übergänge selbst anzupacken, zu gestalten, zu steuern. Dabei würden sie dann überschaubarer und sicherer werden. Ein Paradebeispiel ist der Einstieg in einen neuen Job.

Beispiel

Isabel S., 34 Jahre alt, Key Account Managerin, hatte den Sprung in ihr Traumunternehmen geschafft. Für die neue Position war sie umgezogen und hatte in der Probezeit „richtig rangeklotzt". Darauf, sich einen Ansprechpartner für Feedback zu suchen, achtete sie nicht. Ebenso hatte sie keine Fürsprecher auf der nächsten Führungsebene. Als sie nicht übernommen wurde, fiel sie aus allen Wolken – sie hatte doch aus ihrer Sicht alles richtig gemacht!

Wie Isabel S. geht es vielen Jobeinsteigern: Sie wollen sich bewähren und sind überaus dienstbar – aber darüber hinaus steuern sie ihr Ankommen kaum. Für viele Übergänge ist das freilich auch nicht nötig – wir erinnern uns: Steuern kostet Kraft. Für das Downshiften sollten wir die allerdings aufbringen, denn es soll ja gelingen. Die Theorie dazu ist einfach. Ein Übergang verläuft in drei Phasen.

Leitfaden: Übergänge meistern in drei Phasen

1. Verabschiedung von Vergangenem
2. Erhaltenswertes würdigen
3. Neues beginnen, Veränderungen anfangen

Selbst wenn manchmal diese Phasen auch nahtlos ineinander übergehen, ist die Würdigung einer jeden dieser Etappen wichtig. Wir erinnern uns: Weg von zu viel Fremdbestimmung zu kommen, ist das Ziel. Selbst zu denken und zu fühlen, ist der Schlüssel zum Runterschalten.

Phase 1: Adieu, Vergangenheit!

Sie stehen an der Schwelle zu einem Wendepunkt in Ihrem Leben. Was zurückliegt, wird Erinnerung. Aber wie? Wieder haben Sie die Wahl: Sie können sich sagen „Hak' es ab", und vieles davon einfach vergessen. Sie können sich aber noch einmal wertschätzend erinnern und darüber klar werden, welche Erkenntnisse Sie weiter gebracht haben und welche Signale es gibt, um bestimmte schlechte Erfahrungen künftig zu vermeiden. Die Schlüsselfrage dazu heißt: Was lasse ich künftig hinter mir?

Dabei geht es nicht um das Zurücklassen von konkretem oder geistigem Ballast. Diese Frage zielt auf die Beurteilung und Würdigung eines Lebensabschnitts, damit Sie frei werden für das Neue in Ihrem Leben. Sie löschen also diese Lebensphase nicht von Ihrer geistigen Festplatte, sondern Sie verbrauchen für bestimmte Inhalte einfach keine Energie mehr.

Fragenkatalog: Darauf verzichte ich!

Nehmen Sie sich wieder etwas Zeit für diese Fragen, um herauszufinden, welche „alten Zöpfe" Sie getrost loswerden können.

Fragenkatalog: Darauf verzichte ich!

- Welche Energiefresser/welche Kenntnisse brauche ich künftig nicht mehr?
- Welche Erfahrungen lasse ich hinter mir? Gibt es beachtenswerte Signale, die mich künftig besser leiten können, um üble Erfahrungen zu vermeiden?
- Auf welche Beziehung(en) verzichte ich?
- Von welcher/welchen meiner bisherigen Rollen verabschiede ich mich?

Beispiel

Annette W. wurde zur Abteilungsleiterin befördert. Plötzlich war ihre Rolle nicht mehr einfach „Teammitglied", sondern sie hatte das Team zu führen. Ein schwieriger Übergang, den sie aber gestaltete, indem sie unter anderem ihre neue Funktion mit einem kleinen Umtrunk einläutete. Gleich darauf besprach sie mit ihren Teammitgliedern neue Umgangsregeln und setzte damit neue Maßstäbe.

Auch hier kann ein Abschiedsritual gute Dienste leisten. Man feiert einen Ausstand oder man erfindet ein eigenes Ritual, um diesen Moment für die eigene Erinnerung hervorzuheben.

Phase 2: Was behalte ich bei?

Die nächste Frage für die Gestaltung des Übergangs zielt auf Ihr Handeln und Tun. Hier filtern Sie in der Rückschau diejenigen Inhalte und Verhaltensweisen heraus, die Sie für sinnvoll halten.

Beispiel

Werner F., 42 Jahre alt, Handwerker mit eigenem Betrieb, stellte fest, dass seine Kunden besonders seine Gründlichkeit und sein kundenorientiertes Nachfragen schätzten. Er machte den Punkt „Kundenorientierung" zu einem Werbeargument seiner Homepage, das er auch mit Anekdoten und Kundenstimmen belegte.

Fragenkatalog: Daran halte ich fest!

- Welche Energiequellen/welche Kenntnisse brauche ich künftig?
- Welche meiner Verhaltensweisen will ich weiter beibehalten?
- Auf welche Beziehungen baue ich?
- Welche meiner bisherigen Rollen will ich ausbauen?

Phase 3: Was ändere ich?

Bestimmt sind Ihnen bei den oben genannten Punkten Dinge aufgefallen, die Sie sehr wohl weitermachen wollen, aber in anderer Form. Oder Sie haben wünschenswerte neue Verhaltensweisen gefunden, die gut zu Ihrer näherrückenden Richtungsänderung passen. Beides wollen Sie vielleicht erst in unverfänglichem Rahmen – also in Situationen, von denen Ihr beruflicher Erfolg nicht abhängt – erproben. Dann ist jetzt genau der richtige Zeitpunkt, um Neues zu erproben.

Beispiel

Andreas G., 38 Jahre alt, Anwalt, hatte bemerkt, dass er Mandanten verlor. In der Rückschau wurde ihm klar, dass er sie besser an sich binden konnte, indem er beim Erstgespräch nicht sofort „in medias res" ging – also gleich zur Sache kam und seine Strategie auf den Tisch legte. Stattdessen nahm er sich nun Zeit für den Beziehungsaufbau, lernte erst mal den Menschen kennen, der ihm gegenüber saß, obwohl er das früher für „Zeitverschwendung" gehalten hatte. Schon ein halbes Jahr später zeigte sich, dass diese Verhaltensänderung sich auszahlte – er hatte seither keinen Mandanten mehr verloren.

Fragenkatalog: Das ändere ich!

- Welche anderen Kenntnisse brauche ich künftig, welche muss ich ausbauen?
- Welche meiner Verhaltensweisen will ich ändern?
- Welche neuen Beziehungen sind für meine Entwicklung förderlich?
- Welche anderen Rollenerfordernisse (z. B. Führungsposition, Schlichter, besserer Teamplayer, Verhandler) brauche ich künftig?

Vielleicht helfen Ihnen beim Übergang auch äußerliche Veränderungen oder neue Rituale: Ein neuer Kleidungsstil oder eine neue Frisur, eine neue Aktentasche mit neuen Inhalten, dreimal die Woche Frühsport – hier sind Ihrer Fantasie kaum Grenzen gesetzt. Auf jeden Fall ist jetzt der Punkt erreicht, an dem das Neue beginnen kann.

Auf einen Blick: Das neue Ziel finden

- Driften Sie zu Ihren Erfolgsregionen. Beziehen Sie ein, was Ihnen die „Feenfrage" als Grundbedürfnis liefert.
- Überprüfen Sie die Realisierbarkeit Ihres Driftergebnisses: Checken Sie Ihren gegenwärtigen Arbeitsplatz, Ihre mentale Unabhängigkeit und Ihre finanzielle Situation.
- Beschäftigen Sie sich mit Ihren eigenen möglichen Stolperfallen, die Sie am Downshiften hindern könnten.
- Stellen Sie einen individuellen Zielerreichungsplan mit überschaubaren und erreichbaren Zwischenzielen auf. Suchen Sie sich Unterstützer für den Weg zum Ziel.
- Verabschieden Sie sich, wenn Sie mögen, mit einem Ritual von der Vergangenheit. Öffnen Sie sich dem, was kommt und freuen Sie sich darauf.

Wie Ihr Ziel aussehen könnte

Gut gerüstet und mit dem neuen Ziel vor Augen müssen Sie abschließend klären, wie ausgeprägt Sie runterschalten wollen. Wollen Sie Ihren Job behalten, ihn wechseln, wollen Sie sich selbstständig machen?

In diesem Kapitel lesen Sie,

- wie Sie herausfinden, ob Sie angestellt oder selbstständig weitermachen sollten,
- wie die Variante „selbstständig" aussehen könnte,
- wie die Option „angestellt mit mehr Freiraum" aussehen könnte.

Angestellt oder selbstständig?

Was hier auf den ersten Blick wie eine unwiderrufliche Wahl zwischen entweder und oder aussieht, ist es nicht. Es gibt auch das „sowohl als auch“: Viele Umsteiger erproben ihre Selbstständigkeit parallel zum Angestelltenjob, lassen sie also langsam anlaufen. Trotzdem stellen sich einige Grundsatzfragen:

- Bin ich tauglich für die Selbstständigkeit?
- Ist das so, wie der Volksmund sagt, nämlich „selbst und ständig“?
- Kann ich nicht auch als Angestellter runterschalten?

Um letzteres vorwegzunehmen: Das geht auch, wenn Sie zu Kompromissen, etwa bei der Fremdbestimmtheit bereit sind. Um sich entscheiden zu können, sollte man alle Alternativen kennen. Betrachten wir zuerst die in Deutschland wenig geschätzte Variante „Selbstständigkeit“.

Selbstständigkeit als Alternative

Manche Sprüche aus dem Volksmund sind schlicht, einprägsam und allgegenwärtig. Mit „selbst und ständig“ ist das so – fast jedem, der eine Meinung zur Selbstständigkeit hat, fällt er ein. Mit der gleichen Schlichtheit könnte man kontern: „Angestellte, die stellen sich an“. Aber das Vorurteil ist da: Selbstständige müssen immer arbeiten, und sie müssen es aus Mangel an Personal selbst tun. Schon wenn man ein paar

Variablen in dieser Gleichung ändert, ergeben sich ganz neue Erkenntnisse:

Erstens, Selbstständige müssen nicht, sie wollen es selbst tun. Sie haben Spaß an dem, was sie tun und sie tragen die volle Verantwortung dafür – anders als Angestellte. Damit dürfen sie für Downshifter ganz elementare Werte ihr eigen nennen: Selbstbestimmtheit und Sinn. Der Sinn ergibt sich aus der Überzeugtheit und dem Spaß an der Tätigkeit. Die Selbstbestimmtheit aus der Verantwortung für das Eigene, was man selbst auf die Beine gestellt hat und voll und ganz nach außen vertritt.

Zweitens, sie können – theoretisch – arbeiten, wann sie wollen. Sie sind wirklich Herren ihrer Zeit und haben so Punkt drei auf der nach oben offenen Skala der Downshifter-Ziele erreicht. Sie können deshalb z.B. in der Kernarbeitszeit einkaufen ohne lange Warteschlangen an den Supermarktkassen. Sie können mittags im Wald Fitnesstraining machen, wenn sie wollen. Weil für sie Zeit ein gestaltbares Kontinuum ist, können sie natürlich auch mal den Samstag oder Sonntag zum Arbeitstag machen.

Selbstständig – der Königsweg für Downshifter?

Es stellt sich also die Frage: Ist die Selbstständigkeit der Königsweg für Downshifter? Schauen wir mal genauer hin. Soviel ist klar: Beliebt ist diese Form der Erwerbstätigkeit hierzulande nicht – seit Jahren liegt der Anteil der Selbstständigen in Deutschland bei nur ca. 10 %. Der Global Entrepreneurship-Monitor (GEM) ordnet Deutschland in Bezug auf die Gründungshäufigkeit unter 20 Ländern gerade mal auf Platz 15 ein. Die Selbstständigkeit hat hier ein Imageproblem – woran liegt das?

An den Selbstständigen liegt es wohl kaum: Studien wie z.B. eine Untersuchung der Universität Hamburg (G. Cholotta, S. Drobnic: Was macht Selbstständige zufrieden? in: Wirtschaftspsychologie 4/2011) zeigen, dass sie mit ihrer Arbeit zufriedener sind als Angestellte. Dazu brauchten sie freilich neben der objektiven Qualifikation auch ein positives unternehmerisches Selbstverständnis. Zum Vergleich: Nur jeder siebte Arbeitnehmer, der vom Deutschen Gewerkschaftsbund befragt wurde, gab an, mit seiner Arbeit zufrieden zu sein (DGB-Studie „Index Gute Arbeit 2010").

Sind wir Deutsche also gern unzufrieden? Es heißt ja immer, wir klagen auf hohem Niveau. Da mag etwas dran sein, aber den eigentlichen Grund sehen Forscher in unserem kollektiven Wertesystem. Freiheit und Unabhängigkeit sind hier – anders als etwa in den USA – keine gesellschaftlich hoch geschätzten Werte, wie eine Studie der Uni Bayreuth belegt (R. Bouncken, International Entrepreneurship: Eine empirische Untersuchung von Gründungstreibern, -hemmnissen und -absichten in vier Ländern, in: ZfKE – Zeitschrift für KMU und Entrepreneurship, 2/2010).

> Selbstständige sind in überdurchschnittlich hohem Grad zufrieden mit ihrer Tätigkeit. Angestellte sind überwiegend unzufrieden. Dennoch bleiben sie lieber angestellt – denn Freiheit und Unabhängigkeit sind hierzulande weniger geschätzt als Zugehörigkeit.

Wer sein eigenes Unternehmen gründen will, begegnet Skepsis in vielerlei Hinsicht: Zweifel am Gelingen der Geschäftsidee, an seiner Schaffenskraft und unternehmerischen Leistungsfähigkeit, überhaupt an seiner Tauglichkeit für die Unabhängigkeit. Die Studie der Uni Bayreuth kommt zu dem Schluss, dass dieses gesellschaftliche Vorurteil die Furcht vor Selbstüberforderung verschärft und den Gründerwillen schwächt. Vor dem Hintergrund, dass Arbeitsforscher ohnehin das klassische Angestelltenverhältnis als Auslaufmodell ansehen, ist es also höchste Zeit, etwas gegen diesen deutschen Missmut zu tun!

Was zeichnet Selbstständige aus?

In der Süddeutschen Zeitung findet sich eine interessante Beschreibung: Metastudien zeigen, dass Selbstständige anders als Angestellte eine große Offenheit für Neues mitbringen, sich gern mit Menschen umgeben, gewissenhaft arbeiten und eher gelassen, selbstsicher und widerstandsfähig sind. Hinzu kommt: Sie sind nicht so „verträglich" (Petra Meyer, „Selbstständigkeit in Deutschland", Süddeutsche Zeitung vom 18.10.2010). Also das ist das Geheimnis – Selbstständige sind weniger verträglich! Mit anderen Worten, sie sind weniger angepasst und fremdbestimmt – kommt das dem potenziellen Downshifter nicht bekannt vor?

Die Autorin des Artikels bezieht sich auf Untersuchungen der Universität Koblenz-Landau, wo Günter Müller seit Jahren zum Thema „Unternehmerische Eignung" forscht. Die folgenden Persönlichkeitsfaktoren nennt er (Günter F. Müller, „Unternehmerische Eignung – Impuls- und Erfolgsfaktor für eine erfolgreiche Selbstständigkeit" in: Psychologische Expertise für Erfolgreiches Unternehmertum in Deutschland, BDP 2010):

- Selbstständige bevorzugen Aufgaben, die eine Herausforderung für sie darstellen.
- Sie schreiben Erfolge ihren eigenen Fähigkeiten zu.
- Sie lieben ihre Unabhängigkeit.
- Sie haben eine hohe Fach- und Sozialkompetenz.
- Sie haben die Fähigkeit, sich selbst zu führen.

Die Fähigkeit zur Selbstführung? Genau, da ist die Rede von Ihrem inneren Navigator. Seine Fähigkeiten zu steuern, zu driften und zu entscheiden haben Sie als Kernkompetenzen des Downshifters kennen gelernt. Auch die restlichen Eigenschaften passen zu den Wesenszügen eines Downshifters, was den Verdacht nahe legt, dass die Selbstständigkeit wirklich die optimale Lösung für dieses Vorhaben ist. Abgesehen von den oben genannten Persönlichkeitsmerkmalen braucht es dafür aber noch etwas.

Die zündende Geschäftsidee

Mit der Geschäftsidee ist es wie mit Ihrem Downshifting-Vorhaben: Vorher wissen Sie nicht, ob es gelingt. Das stellt sich erst heraus, nachdem Sie es ausprobiert haben. Nun hat man im Bestfall den lieben langen Tag lang viele Ideen, und hört auch manchmal von Bekannten: „Mensch, das wäre doch eine Top-Geschäftsidee!" Aber wie kommt man zu der einen tragfähigen und erfolgversprechenden Idee?

Schritt 1: Der Geistesblitz

Gute Geschäftsideen haben Sie jedenfalls nicht, indem Sie am Schreibtisch sitzen und allein vor sich hin grübeln. Solche Ideen sind wie ein Geistesblitz: Sie entstehen oft im Austausch mit anderen oder auch in einem konkreten Bedarfskontext: Man beobachtet eine bestimmte Situation und merkt: „Das hier würde viel einfacher funktionieren, wenn ...", oder: „Wie mir geht es bestimmt vielen anderen, da fehlt ein Service oder ein Produkt". Eine gute Idee ist eine, die eine Bedarfsnische füllt. Aber nicht nur das: Sie muss auch gut vermittelt werden können, um ihre Zielgruppe zu erreichen. Falls sie sich bei Ihnen einfach nicht einstellt, diese zündende Idee, finden Sie beim Gründerportal des Bundesministeriums für Wirtschaft und Technologie wertvolle Anregungen: www.existenzgruender.de Dort gibt es auch alles Wissenswerte zum weiteren Ablauf des Gründungsprozesses (unter dem Menüpunkt „Weg in die Selbstständigkeit"). Sie können sich auch auf den Seiten des deutschen Gründerpreises an den erfolgreichen Ideen von anderen orientieren: www.deutscher-gruenderpreis.de

Schritt 2: Infos, Infos, Infos!

Als nächstes beschaffen Sie sich Informationen – beginnen Sie eine Driftreise zu den Informationsquellen. Hat Ihre Idee mit Oldtimern zu tun? Erarbeiten Sie sich das Feld im Internet und durch Fachmagazine und Bücher. Gehen Sie zu regionalen Oldtimer-Treffen und Märkten, unterhalten Sie sich mit Vertretern der Club-Szene. Sprechen Sie auch mit Ihren potenziellen Kunden. Was wollen die? Hätten die Geld übrig für Ihre Idee? Wie viel? Bleibt Ihnen dabei Gewinn übrig?

Treffen Sie sich mit Menschen, die ähnliches gemacht haben. Die Gründer des Internetauktionshauses eBay in Deutschland waren Praktikanten im Silicon Valley und bei Unternehmensberatungen. Dort haben sie mit anderen ihre Idee diskutiert und hilfreiche Anregungen bekommen. So konnten sie im Vorfeld schon einige Fehler vermeiden und an ihrer Geschäftsidee feilen.

> Eine gute Geschäftsidee entsteht meist nicht im Elfenbeinturm. In der Auseinandersetzung mit anderen zeigen sich mögliche Kinderkrankheiten.

3. Schritt: Evaluieren und entscheiden Sie!

Irgendwann sollten Sie das Driften zu immer neuen Informationen beenden. Sie erkennen, wann Ihr Erkundungsbedarf gesättigt ist, wann Sie genug über die Realisierbarkeit Ihrer Idee wissen. Dann ist wieder Ihr innerer Navigator gefragt: Beurteilen Sie die Ergebnisse und entscheiden Sie, ob Sie Ihr Selbstständigkeitsprojekt umsetzen wollen. Sie können Ihr Gefühl für die Durchsetzungskraft einer Geschäftsidee hier testen. Was halten Sie von den folgenden Ideen – haben sie Aussicht auf Erfolg?

Beispiel

Das Kochhaus: Ein bebildertes Internet-Rezeptbuch, in dem man den Einkaufszettel für bestimmte Gerichte schon vorfindet und online auch gleich die richtigen Lebensmittel bestellen kann. Dazu eine fotografierte Schritt-für-Schritt-Kochanleitung. Jedes Gericht kostet maximal 10 EUR.

Ajax-Logtechnik: Die Güterzuglok ist liegengeblieben und kostet deshalb 1.000 EUR pro Tag. Was fehlt, ist ein flexibler Service, der auch vor Ort und rund um die Uhr mit einer Reparatur Abhilfe schaffen kann.

GPS-Bike: Ein Fahrrad, das sich beim Besitzer meldet, wenn es gestohlen wurde. Satellitentechnik, die im Sattelrohr oder in der Lenkstange untergebracht ist, macht's möglich. Da haben Langfinger keine Chance mehr.

Ergobag: Zarte Kinderrücken müssen tagtäglich für die Schule ein paar Kilo Bücher im Ranzen schleppen. Sie können das jetzt, anders als früher, mit Tragesystemen wie bei modernen Wanderrucksäcken. Hinzu kommt ein witziges Design, und fertig ist der „Ergobag".

Was meinen Sie, sind diese Geschäftsideen Erfolg versprechend? Haben sie das Potenzial, am Markt zu bestehen? Sie haben es! Mit Ausnahme des GPS-Bikes, das als Idee von Schülern bei einem Gründerpreiswettbewerb eingereicht wurde, sind alle diese Geschäftsideen schon umgesetzt worden und Preisträger des deutschlandweiten Gründerpreises 2012. Aus einer Idee ein tragfähiges Unternehmen machen, können Sie das auch?

Ist die Selbstständigkeit gut für mich?

Wir Deutsche sind wie gesagt eher Selbstständigkeitsmuffel. Wenn Sie also eine Geschäftsidee haben, sollte es Sie nicht überraschen, dass die Reaktionen von moderatem Desinteresse bis zu deutlichem Entsetzen variieren. Das ist der Zeitpunkt, an dem sich Ihr Unternehmer-Gen zum ersten Mal zeigen kann: Sie glauben an Ihre Idee und an sich und lassen solche Zweifel an sich abperlen. Denen werden Sie`s zeigen! Jetzt erst recht!

Natürlich gehen Sie nicht nur mit Mut und gutem Selbstvertrauen an die Umsetzung, sondern auch mit guter Planung. Der Weg in die Selbstständigkeit verläuft in zwei Phasen: einer kühlen und einer heißen. In der ersten Phase spielen Sie noch mit Ideen, in der zweiten setzen Sie sie um, da sind Sie begeistert und ganz Jungunternehmer. Mit der folgenden Übung können Sie überprüfen, ob die Selbstständigkeit theoretisch zu Ihnen passt.

Phase 1: Schritt für Schritt mit Ideen spielen

1. Vertrauen Sie Ihrem inneren Navigator? Kann er Sie zu den neuen Zielen führen, die richtigen Prioritäten setzen? Kann er Rückschläge verdauen, hat er einen Plan B? Trägt er Verantwortung für Ihr Wohlergehen in Bezug auf die Zeit- und Aufgabeneinteilung? Sorgt er für Anerkennung und kennt er Ihre Stärken und Schwächen?
2. Passt Ihre Geschäftsidee zu Ihnen? Passt sie zu den beruflichen Werten, die Sie hier festgehalten haben? Können Sie die meisten Ihrer Kompetenzen einbringen? Geht das ohne Ballast?
3. Steht Ihre Idee auf einem soliden finanziellen Fundament? Haben Sie einen realistischen Businessplan und ausreichend Kapital für die Anfangszeit? Wissen Sie, welche Kosten auf Sie zukommen?
4. Stehen Sie hinter Ihrer Idee? Sind Sie begeistert und können Sie auch andere dafür begeistern?
5. Sind Sie gesund und leistungsfähig?
6. Ist Ihr Ziel überprüft und erreichbar?

Gratulation! Wenn Sie alle diese Fragen mit Ja beantworten, können Sie die nächste Phase anpacken.

Phase 2: Schritt für Schritt Ideen umsetzen	
1.	Wissen Sie genug über die Selbstständigkeit und ihre Risiken, also über Rechtsformen, steuerliche und sonstige Rahmenbedingungen, kaufmännische Abwicklung, Förderprogramme, Businessplan, Berufsunfähigkeitsversicherung, Rentenabsicherung, sonstige gesetzliche Auflagen?
2.	Ist die Idee markttauglich? Ist Ihr Marktsegment im Aufschwung? Kennen Sie den Markt? Welche Zielgruppe haben Sie, welche Konkurrenten? Was ist Ihr Alleinstellungsmerkmal? Welchen Nutzen haben Ihre Kunden? Ist die wirtschaftliche Lage förderlich?
3.	Wissen Sie, wie Sie die Kunden ansprechen? Welche Marketing-Kanäle verwenden Sie? Wer genau sind Ihre potenziellen Kunden? Können Sie aktiv „verkaufen", sind Sie kontaktfreudig?

Beste Glückwünsche, wenn Sie alle diese Fragen mit Ja beantwortet haben. Sie sind dann der geborene Unternehmer. Aber klar, niemand kommt wirklich als Unternehmer zur Welt. Sollten Sie punktuell Zweifel haben, ist das normal – jeder erfolgreiche Selbstständige kennt diese Bedenken. Etwas kann nämlich gar nicht deutlich genug gesagt werden: So schnell, wie Sie die Checkliste lesen und beantworten können, geht das nicht. Alle diese Punkte brauchen Zeit, um sich entwickeln zu dürfen, um zu reifen.

> Geben Sie der Entwicklung Ihrer Geschäftsidee und ihrer Umsetzung Zeit. Eine solide Umorientierung braucht von der Idee bis zur Zielerreichung erfahrungsgemäß mindestens ein Dreivierteljahr.

Echte Hindernisse für eine Selbstständigkeit sind eine wackelige finanzielle Planung, eine schwache Geschäftsidee, eine ungute Marktentwicklung, fehlende Unterstützer und ein Mangel an den schon erwähnten Persönlichkeitsmerkmalen. Wenn Ihr Projekt also in dieser Hinsicht auf tönernen Füssen steht, ziehen Sie besser noch die Notbremse.

Per Nachfolge zum eigenen Laden

Noch eine Möglichkeit gibt es, zu Ihrem „eigenen Laden" zu kommen: über Nachfolgeplattformen wie z.B. nexxt-change.de. Auf dieser Internetplattform kooperieren verschiedene Institutionen wie z.B. das Bundesministerium für Wirtschaft und Technologie, die KfW-Bankengruppe, die Deutschen Industrie- und Handelskammertage mit den Partnern der Aktion „nexxt". Gut etablierte kleine und mittlere Betriebe suchen dort, nach Regionen geordnet, Nachfolger für die Unternehmensleitung – vom Teeladen über hochspezialisierte CNC-Betriebe ist alles dabei. Als Interessent können Sie in den Inseraten dort recherchieren oder selbst Inserate einstellen. Betreut werden sie dabei von den nexxt-Regionalpartnern. Diese kümmern sich um die Veröffentlichung von Inseraten und die Kontaktvermittlung zwischen den Nutzern. Hier ein Beispiel für eine erfolgreiche Nachfolgeregelung:

Beispiel

Beste Billardtische kommen seit 1886 von Krausse in Chemnitz. Seit seinem 60. Geburtstag war der Inhaber Hans-Jörg Ritscher auf der Suche nach einem Nachfolger, der nicht nur Tischler ist, sondern ein Händchen für dieses besondere Geschäft hat. Über die Handwerkskammer und die Nachfolgeplattform „unternehmensnachfolge.sachsen.de" wurde er nach vier Jahren fündig. Sein 23-jähriger Nachfolger Marco Lohmann hatte als Meisterstück einen Billardtisch gebaut und suchte seinerseits nach einem Betrieb, den er übernehmen könnte. Die Übergabe haben sie mithilfe eines Steuer- und eines Betriebsberaters unter sich geregelt. Der junge Nachfolger übernahm ein bestehendes Darlehen bei der Hausbank seines Vorgängers und bekam einen KfW-Förderkredit. Beide sind sich einig, den richtigen Schritt getan zu haben.

Welche Schwierigkeiten sind zu erwarten?

Eine Nachfolge antreten zu wollen, ist keine leichte Entscheidung. Sie hängt von Ihrer individuellen Situation und den Rahmenbedingungen bei dem zu übernehmenden Betrieb ab. Nachfolgelösungen, gerade für Familienbetriebe, sind nicht einfach. Vorausgesetzt wird immer, dass der Übernahmekandidat solide Berufs- und Branchenerfahrungen hat. Und natürlich braucht er Kapital, um sich in den bestehenden Betrieb einzukaufen. Der typische Nachfolger war zuvor bereits Führungskraft und will sich gern, wie alle Downshifter, aus der Fremdbestimmung lösen. Als potenzieller Nachfolger hat er die Auswahl – es gibt wesentlich mehr Anbieter als Übernahmewillige.

Eine Studie des Instituts für Mittelstandsforschung (IfM) zeigt eine Zunahme von altersbedingten Unternehmensübergaben (Generationenwechsel im Mittelstand. Herausforderungen und Erfolgsfaktoren aus der Perspektive der Nachfolger, IfM 2011). Im Zeitraum von 2010 bis 2014 sollen bundesweit etwa 22.000 Unternehmen mit insgesamt knapp 290.000 Beschäftigten übertragen werden, 86 % aus Altersgründen – zwischen 2005 und 2009 waren es nur 65,8 %. Jährlich suchen rund 1.700 Unternehmen mit insgesamt etwa 23.400 Mitarbeitern Nachfolger. Im Durchschnitt hat demnach ein übergabereifes Unternehmen ca. 14 Mitarbeiter.

Laut IfM-Studie werden die Übergaben innerhalb der Familie abnehmen und somit Nachfolgelösungen wie Management Buy-out (MBO, also ein Unternehmensankauf durch das eigene Management) und Management Buy-in (MBI, die Übernahme eines Unternehmens durch fremde Manager) oder deren Kombination zunehmen. Übernahmewillige Gründer haben also beste Erfolgsaussichten, wenn sie bereit sind, sich auf das komplexe Übergabeverfahren einzulassen. Regionale Industrie- und Handelskammern bieten beratende Unterstützung für Übergeber und Übernehmer an.

> Eine Nachfolgelösung kann einem Gründer die unsichere Anfangszeit ersparen, wenn er ein gut etabliertes Unternehmen mit vollen Auftragsbüchern findet und sich der komplexen Übergabe stellt.

Angestellt mit mehr Freiraum

Es gibt handfeste individuelle Argumente, die für den Angestelltenstatus sprechen – und Sie kennen und vertreten sie. Trotzdem möchten Sie ein paar Grade runterschalten, um etwas selbstbestimmter leben zu können. Dann haben Sie theoretisch vier Möglichkeiten:

- Sie bleiben Ihrem Unternehmen treu und legen ein Sabbatical ein.
- Sie arbeiten an Ihrem Zeitmanagement und vermindern drastisch Ihre Überstunden.
- Sie schwenken um auf Teilzeit.
- Sie wechseln den Job und gehen zu einem anderen Unternehmen, das Ihnen mehr persönlichen Freiraum bietet.

Befristete Auszeit: Das Sabbatical

Mal richtig Zeit für Partner und Familie haben, sich weiterbilden, auf Weltreise gehen, sich neu orientieren – Umfragen zufolge träumt jeder zweite Deutsche einen solchen Aussteigertraum. Aber die meisten verschieben und verschieben ihn, bis es schließlich heißt: Aus der Traum.

Auf die Idee, eine solche befristete Auszeit mit Arbeitsplatzgarantie zu nehmen, kommen nur wenige. Schätzungen zufolge bieten es auch nur drei bis fünf Prozent der Unternehmen an. Einen Rechtsanspruch darauf gibt es nicht; der Vorgesetzte kann aus betrieblichen Gründen Nein sagen. Auch wie lang die Auszeit dauert, ist Vereinbarungssache und mit den betrieblichen Gegebenheiten abzustimmen – hier ist allerhand möglich, von drei Monaten bis zu über einem Jahr.

Ihr Sabbatical sollten Sie gut planen:

- Suchen Sie Gespräche mit Kollegen, die schon ein Sabbatical in Ihrem Unternehmen gemacht haben. Dabei können Sie herausfiltern, was intern die beste Vorgehensweise ist.
- Lesen Sie Reisetagebücher und Erfahrungsberichte von Gleichgesinnten. Bereiten Sie sich auf den Neid- und Ablehnungsfaktor im Umfeld vor.
- Klären Sie rechtzeitig mit Partnern und Familie, ob sie mit Ihnen an einem Strang ziehen.
- Wählen Sie einen günstigen Zeitpunkt für das Gesuch bei Ihrem Chef, so z. B wenn Sie gerade vor einem erfolgreichen Projektabschluss stehen oder vor einem Abteilungswechsel. Legen Sie sich Argumente zurecht: Mit welchem Gewinn kann das Unternehmen rechnen, wenn es Ihnen das Sabbatical gewährt?
- Klären Sie, welches Zeitmodell für Sie möglich ist:
  - **Langzeitarbeitskonto**
    Sie können Überstunden, Urlaubstage und Sonderzahlungen sammeln und sie sich in Form von freien Tagen auszahlen lassen. Allerdings dürfen laut Gesetz nur die Tage verrechnet werden, die den jährlichen Mindestanspruch übersteigen.
  - **Lohnverzicht**
    Sie verzichten befristet auf Teile Ihres Gehalts und erhalten dafür einen Freizeitausgleich.

- **Sonderform der Teilzeitarbeit**
  Zeitlich befristete Teilzeitverträge. Bei einer Vereinbarung von 30 Wochenarbeitsstunden arbeiten Sie drei Jahre lang zehn Wochenstunden mehr und steigen dann ein Jahr lang aus.

- Klären Sie finanzielle Fragen: Wie finanziere ich das Sabbatical? Wie wirkt sich das Sabbatical auf Ihre Kranken- und Rentenversicherung aus? Können Sie bestimmte private Posten einsparen?
- Wenn Sie Ihre Auszeit antreten, erhalten Sie sich Ihre Erfahrungen und Eindrücke in Form eines Tagebuchs.
- Beschäftigen Sie sich auch mit der Frage, wie Sie Ihre Rückkehr gestalten wollen: Legen Sie gleich wieder voll los oder wählen Sie lieber einen sanften Wiedereinstieg?

Beispiel

Bettina F. hatte in ihrem Unternehmen mehrere Preise als „Top-Performerin" gewonnen. Doch in letzter Zeit ließen Begeisterung und Einsatzfreude nach. Die dreimonatige Auszeit für ihren Lebenstraum Australien wurde vom Vorgesetzten daher auch gern eingeräumt. Bei ihrer Rückkehr merkte sie, wie fremd ihr die Arbeit und der deutsche Alltag geworden waren. Das konnte das firmeninterne Sabbatical-Programm abfedern: Bettina begann mit 32 Stunden und ihr wurde zur Bewältigung des Wiedereinstiegs ein Coach zur Seite gestellt. Inzwischen sieht sie alles viel gelassener und freut sich über ihre einzigartige Down Under-Erfahrung.

Runter vom Überstundenberg

Auf das Naheliegende kommt man manchmal nicht: Schon die Reduktion von Überstunden, verbunden mit einer Überprüfung des eigenen Zeitmanagements, kann Wunder wirken.

Beispiel

Nach einer ausgebliebenen Beförderung entschloss sich Sabine F., Leiterin Finanzen, endlich keine Überstunden mehr zu machen, sich nicht mehr hetzen zu lassen. Mit großer Konsequenz dämpfte sie die Erwartungen von Kollegen und Vorgesetzten in Bezug auf die Länge ihres Arbeitstags. Es gelang ihr, vernachlässigte Freundschaften und Hobbys wieder aufzunehmen, sie wurde immer gelassener. So erledigte sie auch ihre Arbeit effizienter als früher und fühlte sich rundum zufrieden.

Natürlich passiert so eine Entwicklung nicht von jetzt auf gleich. Sabine F. brauchte dafür etwa ein halbes Jahr. Am Anfang stand die Erkenntnis, dass die entgangene Beförderung ihr ja eigentlich eine Chance bot: Endlich mal zu sich zu kommen, nach jahrelanger Selbstausbeutung. Am Anfang ihrer Umstellung kam sie nicht darum herum, mit mehreren offiziellen Statements ihre neue Arbeitshaltung kund zu tun: Blitzaufträge wurden von ihr abgeschmettert, bei wirklich dringenden Fällen war sie zu einer Zugabe von einer Stunde bereit, zu mehr jedoch nicht. Sie legte dabei eine Konsequenz an den Tag, die niemand von ihr kannte.

Am erstaunlichsten aber war der Bumerang-Effekt ihres wiederentdeckten Privatlebens: Sie hatte nun etwas, auf das sie sich für den Feierabend freuen konnte. Das machte ihre gesamte Arbeitsweise effizienter, was auch ihre Kollegen neidlos zugeben mussten.

> Nur durch Nein sagen und besseres Delegieren werden Sie nicht runter kommen von Ihren Überstunden. Sie brauchen einen Anreiz, für den sich das Nachhausekommen lohnt. Aber wenn Sie den haben, müssen Sie Nein sagen und Grenzen setzen können.

Teilzeit: Ihr Konzept fürs Downshifting?

Seit 2001 gibt es in Deutschland einen Rechtsanspruch auf Teilzeitarbeit, allerdings muss der Vorgesetzte zustimmen und der Betrieb muss mehr als 15 Mitarbeiter haben. Auch Beamte haben nach der Arbeitszeitverordnung ein Recht auf flexible Arbeitszeiten. So sieht es in der Theorie aus. In der Praxis ist Teilzeit hierzulande eine von Unternehmen ungern unterstützte Lösung. Angeblich scheut man die Kosten. Es sind zu 80 % Frauen, die in Teilzeit arbeiten und dem Familiensalär so ein Zubrot verschaffen. Der Hauptverdiener ist der Mann – schließlich ist seine (Vollzeit-)Arbeit bei gleicher Qualifikation durchschnittlich auch nach wie vor um ein Viertel besser vergütet als die einer Frau. Auch ein Grund dafür, dass Familien sich für das „klassische Modell" entscheiden, bei dem der Mann die Brötchen heimbringt.

> Obwohl ein Rechtsanspruch besteht, wird Teilzeit von Arbeitgebern nicht gerade gefördert. Noch ist sie eine Frauendomäne.

Mehr als die Hälfte der Teilzeitbeschäftigten hat die Arbeitszeit aus familiären Gründen reduziert. Forscher des Statistischen Bundesamts haben den Bildungsstand von Teilzeitarbeitnehmerinnen untersucht: Sie sind durchschnittlich niedriger qualifiziert und gebildet als Arbeitnehmer in Vollzeit. Auch deshalb sind Teilzeitgehälter eher als dürftig zu bezeichnen. Kurzum: Teilzeit ist ein Jobmodell mit schlechtem Ruf gerade wegen der Assoziation „Das machen doch nur Frauen, um die Familienkasse aufzubessern". Von Personalern wird das Ersuchen nach Teilzeit oft noch gleichgesetzt mit einem Karriereknick. Gleichzeitig werden wiedereinsteigende Frauen von ihnen gern in Teilzeit gesehen: „Die setzen sich selbst unter Druck, um den Vollzeitkolleginnen zu beweisen, wie gut sie sind. Eine Teilzeit-Frau arbeitet fast so gut wie eine in Vollzeit", lautet das ungeschriebene Gesetz für Personalplaner, die auf das Budget achten.

Laut einer Untersuchung des Statistischen Bundesamts in Wiesbaden (Qualität der Arbeit, Geld verdienen und was sonst noch zählt, 2012) stieg die Zahl derjenigen, die weniger als 20 Stunden in der Woche arbeiten, von 14 % aller Erwerbstätigen im Jahr 1991 auf 27 % im Jahr 2012.

Bei Ihrer Entscheidung für oder gegen Teilzeit sollten Sie auch bedenken, welche Form von Teilzeit für Sie in Frage kommt. Einige Modelle sind kaum bekannt:

- Halbtagsarbeit an allen Tagen der Arbeitswoche (die häufigste Form der Teilzeitarbeit)
- Volltagsarbeit an einigen Tagen der Arbeitswoche (z.B. 3-Tage-Woche)
- Flexible Formen wie Jahresarbeitszeit- und Blockmodelle, Arbeit auf Abruf oder Jobsharing

Ein Umdenken ist nötig und im Gange. Je mehr Männer die Teilzeitvariante, wenn auch nur befristet, wählen, desto mehr wird die gesellschaftliche Akzeptanz der Teilzeitarbeit steigen.

Immerhin, bei steigender Kinderzahl steigt auch die Zahl der Väter in Teilzeitjobs, 2011 waren es bei drei Kindern 8,3 % der Väter (Statistischen Bundesamt, „Qualität der Arbeit", 2012).

Falls Sie etwa schon einen Großteil Ihrer Rentenansprüche erarbeitet haben, ist Altersteilzeit sicher ein lohnendes Modell, um in den Ruhestand runter zu schalten (mehr dazu hier: www.altersteilzeit-info.de). In der Mitte des Lebens sollten Sie sich die folgenden Fragen dazu stellen:

Checkliste: Teilzeit, ja oder nein?

	Ja	Nein
▪ Haben Sie sich über die rechtlichen und finanziellen Konsequenzen ausreichend informiert?		
▪ Haben Sie für Ihren Arbeitgeber ein Teilzeitkonzept erstellt, aus dem hervorgeht, welche Aufgaben nur Sie erledigen und welche an Ihre Kollegen delegiert werden können?		
▪ Kann Ihr Arbeitgeber dem Konzept Lösungen und Vorteile für das Unternehmen entnehmen?		
▪ Können Sie eine Testphase vereinbaren?		
▪ Haben Sie Ihren Kollegen Ihre Anwesenheitszeiten klar mitgeteilt?		

	Ja	Nein
▪ Sind Sie sich darüber im Klaren, wie lange Sie in Teilzeit arbeiten wollen und dass es danach schwierig sein kann, wieder auf 100 % zu gehen?		
▪ Wissen Sie, welches Teilzeitmodell für Sie am besten geeignet ist?		
▪ Haben Sie für Ihren Wiedereinstieg in die Vollzeit vertretbare Regelungen mit Ihrem Arbeitgeber vereinbart?		

Ein neuer Job zum Downshiften

Sie haben herausgefunden, dass Ihr bisheriger Arbeitgeber Ihnen nicht den Freiraum für das Downshifting gibt, den Sie sich wünschen. Sie wollen aber angestellt bleiben – Sie suchen also nach einem downshifttauglichen Job. Gute Dienste kann Ihnen dabei die bereits erarbeitete Liste Ihrer beruflichen Werte liefern. Mit ihr können Sie ausloten, ob der künftige Arbeitgeber zu Ihren Vorstellungen passt. Wie aber finden Sie diesen idealen Arbeitgeber? Natürlich ist die klassische Suche über Jobsuchmaschinen ein Weg. Aber unter dem Stichwort „downshifttauglicher Arbeitgeber" werden Sie vermutlich nicht fündig.

Schritt für Schritt zu Ihrem Premium-Job

- **Prämierte Unternehmen suchen**

  Eine mögliche Strategie ist, Betriebe auszusuchen, die bereits von offizieller Seite für den wertschätzenden Umgang mit ihrem Personal anerkannt worden sind. Es gibt unterschiedliche Initiativen und Institute, die Arbeitgeber auszeichnen. „Great place to work" ist eine, „Top Job" eine andere eher für den Mittelstand.

- **Insiderwissen beschaffen**

  Wenn Sie schon eine Liste von möglichen für Sie geeigneten Arbeitgebern haben, versuchen Sie im nächsten Schritt, so viele Informationen wie möglich über Ihre Premium-Unternehmen zu sammeln. Da geht es nicht nur um die Selbstdarstellung in den Medien, interessant ist vor allem ein Blick ins interne Geschehen über Bekannte, die in den Betrieben arbeiten. Bereiten Sie diese Gespräche gut vor, fragen Sie auch nach der wirtschaftlichen Entwicklung des Unternehmens.

- **Initiativ bewerben**

  Wenn Sie das Terrain erst mal sondiert haben und Ihr Wunscharbeitgeber momentan keine freie Stelle ausgeschrieben hat, kann eine Initiativbewerbung nützlich sein: Ihr Interesse ist dann schon dokumentiert und im Bedarfsfall kann man auf Sie zukommen. Klären Sie aber vorher mit der Personalabteilung ab, ob das erwünscht ist und wie damit umgegangen wird.

- **Auf Signale achten**

  Eine gute Kenngröße, um die Work-Life-Verträglichkeit eines Unternehmens auszutesten, ist der Krankenstand. Betriebe mit hohem Krankenstand sind keine Empfehlung. Das gleiche gilt, wenn schon in den Stellenanzeigen des Unternehmens nach dem Gehaltswunsch gefragt wird oder Zauberworte wie „Belastbarkeit" und „hohe Einsatzbereitschaft" den Anzeigentext zieren.

- **Raus mit der Sprache – oder doch nicht?**

  Sollen Sie sich gegenüber Personalmanagern Ihrer Wahlfirma zu Ihrem Downshifting-Wunsch bekennen oder nicht? Falls Sie damit auf aufgeklärte Ohren treffen, die damit keine Vorurteile verbinden, vielleicht schon. Generell ist in dieser Hinsicht eher Vorsicht geboten. Kein Mensch zwingt Sie, sich als Downshifter zu erkennen zu geben, auch wenn Ihr Gegenüber versiert darin ist, einen vertrauensvollen Ton anzuschlagen. Denken Sie daran: Sie sind am Zug, Ihren Wunscharbeitgeber zu finden, auch Sie können Nein zu dem Stellenangebot sagen.

- **Die richtigen Fragen stellen**

  Anhand Ihrer beruflichen Werte können Sie ein paar Fragen herausarbeiten, auf die es Ihnen ankommt, z. B.:

  - Wie erreichbar sollen Mitarbeiter sein? Sollen sie ständig verfügbar sein oder ist die Privatsphäre heilig?
  - Worauf kommt es bei den Zielvereinbarungen an? (Können Sie diese Ziele für sich nachvollziehen? Sind sie erreichbar?)

- Wie wird mit Konflikten umgegangen? Gibt es einen Betriebsrat?
- Wie sehen die Arbeitsplätze und Arbeitszeiten aus?
- Wie „dick" ist die Personaldecke in der Abteilung, gibt es absehbare Umstrukturierungen?
- Wie sind generell die wirtschaftlichen Aussichten des Unternehmens?

Das Ergebnis Ihrer Bemühungen sollte ein klares, detailliertes Bild der Kultur Ihres Wunscharbeitgebers und Ihres Betätigungsfeldes sein. Natürlich können Sie nicht alles im Voraus klären. Aber nur wer wagt, gewinnt. Und vergessen Sie nicht: Wenn Sie Ihren Wunschjob antreten, sind Sie darin gefragt, von vornherein freundlich, aber bestimmt Grenzen zu setzen. Dann kommen Sie gar nicht erst in den Ruf, eine Arbeitsbiene für alle Fälle zu sein.

Gelassenheit lernen

Eine Empfehlung gilt für alle dargestellten Optionen zum Runterschalten: Entdecken Sie die Gelassenheit als Entwicklungsprogramm für sich. Nehmen Sie sich als Einstieg in dieses Thema der Lebenskunst mal wieder etwas Zeit und betrachten Sie die folgenden Fragen aus verschiedenen Blickwinkeln:

Reflexionsübung: Was ist Gelassenheit?

- Woran erkenne ich Gelassenheit?
- Was hat Gelassenheit mit „loslassen" zu tun?
- Was hat Gelassenheit mit Leidenschaft zu tun?
- In welchen Bereichen könnte ich lernen, gelassener zu werden?

Hier noch ein paar konkrete Vorschläge, damit Sie das Glück der Gelassenheit für sich entdecken können:

1. **Verzichten Sie auf Perfektionismus.** Es ist hier schon mehrmals darauf hingewiesen worden: Wenn Sie zu viel von sich oder anderen erwarten, werden Sie auf Dauer immer unzufriedener. Nobody is perfect. Niemand muss alles können oder wissen. Ohne Fehler wäre das Leben außerdem fad, denn keiner könnte etwas lernen.
2. **Freuen Sie sich an dem, was gelingt und was Freude macht.** Öffnen Sie Ihre Wahrnehmung für die schönen Momente des Lebens. Das kann eine vermeintliche Kleinigkeit sein, die aber nur für Sie da ist.
3. **Takten Sie Ihr Leben nach Ihrem Tempo.** Hetze ist nicht wirklich förderlich für gute Ergebnisse. Übertriebener Aktionismus auch nicht. Am besten, Sie variieren Ihr Tempo, wo möglich.
4. **Befreien Sie sich vom Herdenzwang.** Sie selbst entscheiden über Ihr Leben, setzen Ihre eigenen Maßstäbe. Weder müssen Sie unbedingt um einen wichtigen Posten mit anderen konkurrieren, noch müssen Sie derjenige sein,

der nachts das Licht ausmacht. Sie werden dadurch schon nicht zum Egomanen, im Gegenteil: Vielleicht findet Ihre unabhängige Haltung auch ein paar Nachahmer.

5 **Grenzen Sie das Info-Bombardement ein.** Sie müssen nicht jederzeit alles wissen. Manche Mails können auch ungeöffnet in den Papierkorb wandern.

6 **Lassen Sie los!** Das ist wahrscheinlich das eigentliche Geheimnis der Gelassenheit: Wer wenig hat und wer Abstand hat, ist gelassener. Sie müssen dazu nicht gleichgültig werden – aber Sie brauchen sich auch nicht in jeden Streit einzumischen und Sie brauchen auch nicht das allerneueste Statussymbol. Denken Sie dran: weniger ist mehr.

Zu guter Letzt

Wenn Sie diesen TaschenGuide bis hierher konsequent durchgearbeitet haben, können Sie jetzt Ihre Vorstellungen vom Downshifting umsetzen – oder Sie können das Ganze auch noch ein Weilchen einwirken lassen und später damit anfangen.

Gut Ding will schließlich Weile haben. Vermutlich ist dieses Büchlein in ein paar Stunden durchzuarbeiten. Eine solide Umorientierung aber braucht mindestens ein halbes Jahr, wenn nicht sogar noch länger. Und noch etwas sollten Sie bedenken: Downshifting ist ein Weg zu sich selbst. Checklisten und Schritt-für-Schritt-Anleitungen können da ergänzend ein gutes Werk tun, aber der Schlüssel zum Downshifting heißt:

Es kommt auf Sie selbst an. Selbst denken und fühlen, was zu Ihnen passt!

Auf einen Blick: Wie Ihr Ziel aussehen könnte
▪ Die Selbstständigkeit ist der Königsweg zum Downshifting. Aber nicht für jeden passt sie – drum prüfe, wer sich als freier Unternehmer bindet.
▪ Sie können auch graduell runterschalten, als Angestellter. Sie sollten dabei vorher bedenken, zu welchen Kompromissen Sie bereit sind und welche Inhalte für Sie unabdingbar sind.
▪ Mehr Gelassenheit kommt wie von selbst, wenn Sie mehr Sie selbst sein dürfen.

Stichwortverzeichnis

Impressum

Bibliografische Information der Deutschen Nationalbibliothek
Die Deutsche Nationalbibliothek verzeichnet diese Publikation in der Deutschen Nationalbibliografie; detaillierte bibliografische Daten sind im Internet über http://www.d-nb.de abrufbar.

Print: ISBN: 978-3-648-03556-6 Bestell-Nr.: 01351-0001
ePub: ISBN: 978-3-648-03557-3 Bestell-Nr.: 01351-0100
ePDF: ISBN: 978-3-648-03558-0 Bestell-Nr.: 01351-0150

Dr. Wiebke Sponagel
Downshifting – Selbstbestimmung und Ausgeglichenheit im Job
1. Auflage 2013, Freiburg

Redaktionsanschrift: Fraunhoferstraße 5, 82152 Planegg/München
Telefon: (089) 895 17-0
Telefax: (089) 895 17-290
Internet: www.haufe.de
E-Mail: online@haufe.de
Redaktion: Jürgen Fischer

Konzeption, Realisation und Lektorat: Nicole Jähnichen, 81247 München
Satz: Beltz Bad Langensalza GmbH, 99947 Bad Langensalza
Umschlag: Kienle gestaltet, Stuttgart
Druck: freiburger graphische betriebe, 79108 Freiburg

Die Autorin

Dr. Wiebke Sponagel

ist Coach und Karriereberaterin mit eigener Beratungspraxis in Frankfurt am Main. Der Name ihrer Firma PERSPECTIVE COACHING ist für die ehemalige freie Journalistin und Firmentrainerin seit dem Jahr 2000 Programm: In ihren Beratungen geht es darum, für Orientierungssuchende neue Lebens- und Berufsperspektiven zu finden – eine Suche, die sie aus eigener Erfahrung kennt. Und weil immer mehr Klienten zugleich runterschalten wollen, bietet sie darüber hinaus Downshifting-Beratung an.
www.perspective-coaching.de

Weitere Literatur

„Runterschalten! Selbstbestimmt arbeiten – gelassener leben" von Wiebke Sponagel, 207 Seiten, EUR 19,80, ISBN 978-3-448-01288-8, Bestell-Nr. 00293

„Stress ade – Die besten Entspannungstechniken" von R. Geisselhart und C. Hofmann-Burkhart, 128 Seiten, EUR 6,90, ISBN 978-3-448-10094-5, Bestell-Nr. 00654

„Burnout – Stress erkennen und verhindern" von Christian Stock, 128 Seiten, EUR 6,90, ISBN 978-3-448-10145-4, Bestell-Nr. 00338

TASCHENGUIDE
Einfach! Praktisch!
248
Vorstellungsgespräche
Lorenz/Rohrschneider/Müller-Thurau
Vorstellungs-
gespräche
Best of-
Edition
HAUFE.